Kulturarv og -gæld

Poul Ferland

Kulturarv og -gæld

*En kritisk teoretisk undersøgelse
af kulturarvsbegrebet*

Af samme forfatter:

Kritik af magten (1984)
Det identiskes ophævelse i Adornos negative dialektik (2002)
Skiftespor (2005)
Lysglimt (2006)
Karl Kraus (2008)
Oplyst sport (2010)
Rundt om Aalborg Symfoniorkester (2011)
Teknologikritik i det 20. århundrede især (2013)
Hvad er et kunstmuseum i dag? (2015)
At tænke selv (2017)

© 2018 – Poul Ferland
Forlag: Books on Demand GmbH, København
Tryk: Books on Demand GmbH, Norderstedt, Tyskland
ISBN: 9788743003625

Om morgnen spurgte de hende, hvorledes hun havde sovet.
"Oh forskrækkeligt slet!" sagde prinsessen, "jeg har næsten
ikke lukket mine øjne den hele nat! Gud ved, hvad der har
været i sengen? Jeg har ligget på noget hårdt, så jeg er
ganske brun og blå over min hele krop! det er ganske
forskrækkeligt!"
Så kunne de se, at det var en rigtig prinsesse, da hun
gennem de tyve madrasser og de tyve edderdunsdyner havde
mærket ærten. Så ømskindet kunne der ingen være, uden en
virkelig prinsesse.
Prinsen tog hende da til kone, for nu vidste han, at han havde
en rigtig prinsesse, og ærten kom på Kunstkammeret, hvor
den endnu er at se, dersom ingen har taget den.[i]

H.C. Andersen

Der findes ikke noget kulturdokument, der ikke samtidig dokumenterer barbari.[ii]

Walter Benjamin

INDHOLD

FORORD

Undersøgelsen er blevet til i perioden november 2017-august 2018 under min tilknytning til *Sydvestjyske Museer* som et selvstændigt og af museets øvrige forskning uafhængigt arbejde. Den her foreliggende undersøgelses indhold og form skyldes således udelukkende mig selv.

Hovedtemaet er begrebet om kulturarv og på den måde et grundlag også for den videnstilegnelse, der retter sig specifikt mod kulturarvens mere materielle eller singulære forekomster. Hovedtema er således ikke kulturinstitutioners forvaltning og formidling af kulturarven.

Skriftet er for det første ment som bidrag til overvejelse over et teoretisk grundlag for i hvert fald danske og nordiske museers og andre kulturarvsinstitutioners formidling af den såkaldte kulturarv. Og for det andet er det ment som forhåbentlig oplysende og inspirerende for alle, der beskæftiger sig professionelt eller på anden måde med kulturarv.

Forhåbentlig kan denne kulturarvsfilosofiske og desuden alment kulturfilosofiske afhandling også bruges i forbindelse med videregående uddannelsesinstitutioners undervisning og forskning.

Jeg vil gerne takke *Sydvestjyske Museer* og dets direktør, Flemming Just, for at have givet mig anledning til at arbejde med dette emne. Flemming Just vil jeg også gerne sige tak for meget nyttige faglige input. Desuden tak til museets medarbejdere for godt og givende samvær under arbejdet.

Taknemmelig er jeg ikke mindst for min ven og kollega Ruddi Welzels som altid, på baggrund af videnskabelig akribi samt fagligt og menneskeligt engagement, kompetente, kritiske og konstruktive kommentarer til manuskriptet, og ikke mindst for hans inspiration til bogens titel.

Endelig ønsker jeg at takke min kone, Annalise Brogaard, for hendes aldrig svigtende støtte uden måde.

Esbjerg i august 2018
Poul Ferland

INDLEDNING

Kulturarv er især i dette århundrede blevet et lingo, et buzzword, der har vundet indpas og ofte eksplicit eller stiltiende tilslutning i alle relevante dele af samfundet, således i mediedebatter og -artikler, i lands- og lokalpolitik, ved kulturinstitutioner, i lovgivning og på læreanstalter, uden at begrebet forekommer i større omfang at have været udsat for en mere dybtgående, filosofisk afklaring.

Hovedanliggendet for denne afhandling er forsøget på fremstillingen af et begreb om kulturarv, som kan oplyse og inspirere ikke mindst fagfolk inden for hele kulturarvsområdet; det vil sige universiteternes humaniora-uddannede og -studerende, fx historikere, kunst-, litteratur-, musik- og idéhistorikere, filosoffer, arkæologer, etnografer og antropologer samt sprogfagsfolk. Heller ikke mindst vil det sige museumsfolk og andre i den institutionaliserede kulturarvssektor, således biblioteksfagfolk. Administratorer af kulturarvssektoren i ministerier og styrelser samt kulturpolitikere vil forhåbentlig ligeledes kunne have interesse i skriftet. Det skal dog ikke glemmes, at kulturarv eller såkaldt kulturarv (spørgsmålet om, hvorvidt selve ordet er træffende, tages op til overvejelse i *Kapitel 9*) er af betydning for alle, så afhandlingen er på den måde principielt af almen interesse.

Afhandlingen vil nærmere bestemt forsøge at stille et kritisk begreb om kulturarv på benene, som dels har en vis almengyldig holdbarhed og soliditet, dels er til det yderste sensitivt over for historisk forandring og individuelle eller gruppevise præferencer, men altså uden at ønske at renoncere på, hvad man kunne kalde en begrundet normativitet.

Dette begreb – hvis indhold for en filosofisk væsensanalyse dybest set ikke lader sig skelne fra kulturbegrebets, idet nemlig al kultur samtidig væsentligt lader sig bestemme som 'arv', og idet al kulturarv er kultur – er ikke forpligtet på noget af de begreber, som ellers refereres og kommenteres i denne studie, eksempelvis juridiske, partipolitiske, institutionelle, enkeltvidenskabelige og dagligsproglige, og ejheller oplevelses- eller privatøkonomiske.

Et par bemærkninger om hhv. 'folkets' og mediernes kulturarvsbegreber, som derudover ikke vil blive tematiseret i undersøgelsen, synes det passende at tilføje her. Hvis man kan tale om 'folkets', i reglen mere umiddelbare, begreb(er) om kultur og kulturarv, der ganske vist ikke her er genstand for videnskabelig undersøgelse, og som altså heller ikke forpligter nærværende afhandling, synes de(t) at spænde vidt og har i dag givetvis generelt ikke mange grænser; bankokultur(arv), familiekultur(arv), bykvarterkultur(arv) kan indgå i dette umiddelbare begreb ved siden af mere omfattende størrelser som x national kulturarv. Nogle vil sikkert vægte 'finkultur(arv)' som det rette begrebsindhold. Muligvis kan der mht. kultur*arvs*begrebet skimtes en tendens til at følge den kulturarvsinstitutionelle definition af begrebet, men den personlige kulturarv spiller utvivlsomt også en rolle for opfattelsen af begrebet hos en del mennesker. Måske kan der dog anes en vis tilbøjelighed til mindre påskønnelse af kultur*arvs*begrebet set i forhold til kulturbegrebet, idet man i det tilfælde enten ikke føler sig forpligtet af tidligere generationers kultur eller med egen kultur ikke ønsker at påvirke fremtidige generationers individuelle valg eller ser rimelig mulighed for dette.

Heller ikke mediernes kulturbegreb som det formidles på kultursider og tilsvarende, der især omfatter, hvad man kan kalde kunstarternes 'fin-' og mere folkelige elitekultur, samt faglitteratur og den museale kultur og generelt i ikke ringe grad holder sig inden for det traditionelle og (kultur)ministerielt definerede kulturbegreb (bortset ikke mindst fra sporten), forpligter denne undersøgelse, og det samme kan siges om disses kulturarvsbegreb, der i høj grad synes at holde sig til det kulturarvs-institutionelle.

Intentionen for og i denne undersøgelse har derimod været at undersøge og opstille et filosofisk begreb om kulturarv, som er idéhistorisk funderet. Man kan således betegne undersøgelsen som *'væsensanalyse'*, der på den anden side er sig bevidst, at endog 'væsnet' (i.e. kulturarvsbegrebet) har en foranderlig, historisk, men ikke arbitrær karakter. I den forstand kan undersøgelsen også kaldes 'metafysisk', altså netop i anførelsestegn, hvilke skal angive den også historiske karakter ved det 'metafysiske'.

Dette begreb er primært blevet til på basis af analyser af relevante ideologisk-politiske, ministerielle, juridiske, enkeltvidenskabelige og (historie)filosofiske tekster, som enten søger at definere et kulturarvsbegreb eller har klar, gennemreflekteret relevans for denne undersøgelses bestemmelse af det. Efter et kort rids af ordets og begrebets historie i *Kapitel 1* tages FN-erklæringer og -konventioner op til overvejelse i *Kapitel 2*, og i *Kapitel 3* danske lov- og ministerielle tekster. *Kapitel 4* behandler leksikalske tekster og ordbogsdefinitioner af, foruden dansk, også svensk, norsk, engelsk, tysk, fransk og italiensk herkomst, og i *Kapitel 5* tages de meget varierende begreber i partipolitiske programtekster fra samtlige danske partier, der er opstillingsberettigede til *Folketinget*, også analytisk og interpretativt op. De analyserede tekster i kapitlerne 2-5, der har forskellige forudsætninger og formål, som ikke nødvendigvis kan kaldes filosofiske – fx kan kulturarvsinstitutioner legitimt være tilbøjelige til at bestemme kulturarv som noget *særlig* bevaringsværdigt i en mere national optik – og derfor ikke er blevet vurderet som sådanne, har primært virket som *fundament for kritiske refleksioner*, der har medvirket til at føre frem til det begreb om kulturarv, som fremstilles i det afsluttende essay (Kapitel

9) – efter et foreløbigt forsøg på afklaring af begrebet i *Kapitel 6*. *Kapitel 7* analyserer videnskabelige tekster (danske og en enkelt svensk) i form af bøger og artikler. *Kapitel 8* behandler relevante dele af to centrale filosofiske tekster af hhv. Walter Benjamin (*Om historiebegrebet;* tysk: *Über den Begriff der Geschichte)* og Friedrich Nietzsche (*Historiens nytte;* tysk: *Vom Nutzen und Nachteil der Historie für das Leben)*, der i ganske høj grad har inspireret det i *Kapitel 9* fremstillede begreb om kulturarv, hvilken fremstilling desuden implicerer kritisk stillingtagen til de behandlede tekster af forskellig karakter. Man kan således sige, at læseren fra *Kapitel 2* og frem til den afsluttende fremstilling i *Kapitel 9* har mulighed for at følge den fremadskridende undersøgelses- og tydningsproces.

Skønt jeg ikke selv er uddannet i et af de fag, som sædvanligvis finder beskæftigelse inden for de såkaldte kulturarvsinstitutioner, men er idéhistoriker, må jeg ikke desto mindre i denne egenskab anse mit eget genstandsfelt som realiter hørende til det kulturarvsmæssige. Og dog har jeg aldrig set eller hørt ordet brugt af idéhistorikere i relation til det idéhistoriske fagområde! Hvorfor ikke? En forklaring kunne være den, at de historiske og aktuelle ideer af fagfolk snarere anses for diskussionspartnere end for noget, der bør placeres på en piedestal eller lignende, for nu at sætte problematikken på spidsen. Ikke at ordet kulturarv *nødvendigvis* betyder ærefrygt for og en apoteose af noget gammelt, men det kan dog immervæk let klinge derhenad. Hvorom alting er, er det min opfattelse, at det, der måtte kaldes kulturarv, først og fremmest bør have status som diskussionspartner.

Bestemmelsen af begrebet kulturarv må blive bred: kulturarv knytter sig til spor af *menneskelig* virksomhed. Det menneskelige er fremhævet, fordi det er en hovedtese i afhandlingen, at ikke alt *per se* er kultur og kulturarv; dette er kun det ikke blot deskriptivt, men også altovervejende normativt menneskelige, humane. *Kun som kritisk erkendte* er alle spor af menneskelig virksomhed uden undtagelse at betragte som kultur og kulturarv; det vil kort sagt sige, at barbari og uret for at indgå i kulturarv kritisk må erkendes som barbari og uret med det formål at indgå i oplysning og menneskers egne overvejelser angående fremtidigt liv. Det skal for en ordens skyld nævnes, skønt det utvivlsomt kan synes en trivialitet, at ethvert menneske og ethvert samfund har potentiale for kultur i sig.

Kultur lader sig i sit væsen bestemme som den sagen iboende bestræbelse på at forbedre de menneskelige muligheder og vilkår i tilværelsen for alle mennesker, eller den kan bestemmes som *dyrkelsen af ånd*, som Cicero sagde, en dyrkelse eller fremelskelse, som ingenlunde hverken udelukker eller eliminerer det stoflige, det materielle som sådant, men tværtimod er tæt forbundet med dette. En neutral definition af kulturbegrebet er imidlertid ikke mulig, som fx denne gengivet i *Den Store Danske*: "Det kan også i neutral forstand beskrive reglerne for en nærmere angivet gruppes adfærd".[iii] Denne superficielle og hverdagsagtige sprogbrug – der kunne indbefatte fx 'virksomhedskultur' og sågar 'voldskultur'! – udjævner reelt ideologisk alle forskelle mellem kulturelt skidt og kanel, og dersom man u ønskede, hvilket ville være imod begrebets iboende substans, at lade dette gælde enhver gruppes blotte adfærd uden kvalitative forskelle, da måtte man derudover ikke desto mindre finde et nyt begreb, der ville kunne afdække disse eksisterende kvalitative forskelle, som ikke i virkeligheden lader sig eliminere ved hjælp af anvendelsen af et angiveligt neutralt begreb. Insisterer man således på, at kultur er et værdineutralt begreb, er man på trods heraf ikke befriet for den kritiske analyse af de respektive gruppers manifesterede og materialiserede adfærd, også i form af fx artefakter og skrifter. Det vil endvidere sige, at dersom man ikke kan anerkende den her operative begrebslige skelnen mellem kultur og barbari – en skelnen, som jeg altså finder såvel filologisk som 'metafysisk' overensstemmende med sagen – men derimod vil se alle gruppers eller al adfærd i det hele taget som kultur, så kommer man alligevel ikke uden om kvalitativt at differentiere i begrebet kultur. Begreberne kultur og barbari er imidlertid realiter netop udtryk for en sådan skelnen i selve kulturbegrebet, idet kort sagt *barbari er mangel på kultur*.

Det skal nævnes en passant, at Hartvig Frischs dictum "kultur er vaner" ikke gælder som ledetråd for nærværende arbejde. Langt snarere kan det ses som en hypotese for dette arbejde, at kultur er problematisering af eller brud med vaner. Indgår vaner således i det kulturelle, er det ikke som et væsenstræk ved dette, eller sagt på en anden måde: vaner indgår ikke som noget uforanderligt ved det kulturelle.

Det skal imidlertid understreges, at kultur aldrig er totalt renset for barbari. Dels udspringer kultur af, bygger på eller er et resultat af fortidens barbari, dels rummer den altid og for alle mulighed for tilbagefald i barbari, og dels kan intet samfund i dag sige sig fri for barbariske momenter. Kultur og barbari er således et uadskilleligt, et *dialektisk* begrebspar, er et begrebspar, som bare analytisk, men ikke i realiteten kan skilles ad, og som på talrige måder indgår i og nødvendigvis må indgå i hinanden uden af den grund at være et fedt. Det kulturelle må således respektere det barbariske, tage det alvorligt og indse, at alt barbari i sig indeholder legitime 'krav', som det kulturelle på adækvat vis må søge at indoptage i sig. Fortrænges det barbariske derimod af kulturen, vil det vende tilbage i forvrængede, fordrejede, måske dæmoniske former. Sigmund Freud har udfoldet dette tema bl.a. i sin bog *Das Unbehagen in der Kultur* (1930, på dansk med titlen *Kulturens byrde* (1987)).

Man kan på sæt og vis hævde, at alt, men netop som kritisk bearbejdet og begrebet, er kulturarv, men til gengæld er kulturarv ikke alt; et renæssancehus er noget andet som bopæl for en familie end som (såkaldt) kulturarv, der udforskes og erkendes som sådan, dvs. som noget, der bidrager til teoretisk oplysning om, hvad det menneskelige substantielt set er primært for dem, der lever i dag og i morgen, men i emfatisk forstand uden at have noget bestemt, praktisk sigte.

KAPITEL 1

Kort rids af ordet og begrebet kulturarvs historie

Ordets og dets referents, dets betydnings historie *som signifikant* i videnskabeligt, politisk, administrativt og dagligt sprog på verdensplan, eller, sagt på en anden måde, ordets og dets betydnings rolle som vigtig og fremtrædende i diskurserne om kultur inden for de nævnte felter, synes ikke at gå særlig langt tilbage i tiden. I hvert fald forekommer *UNESCO's Haag-konvention* af 1954 at være en slags begyndelsespunkt for en vægtig, udbredt og (fastere eller løsere) defineret brug af ordet.[iv] Under indtryk af de kolossale ødelæggelser og beskadigelser af 'kulturværdier' (engelsk: 'cultural property') under verdenskrigene, især *Anden Verdenskrig*, i århundredets første halvdel understreges deri de nye generationers ansvar for kulturværdierne med indførelsen af ordet 'kulturarv' (engelsk: 'cultural heritage') i denne konvention. Helt generelt er ordet og begrebet kulturarv således udtryk for en vis eftertids perspektiv på fortidige tildragelser, mere end det er udtryk for en fortids perspektiv på sin eftertid, herunder nutiden.

Begrebet, der i *UNESCO's 1954- og 1972-konventioner* (denne sidste angår kun materiel kulturarv), ratificeret af Danmark i henholdsvis 2003 og 1979, først og fremmest omfatter, hvad man kan kalde og har kaldt finkultur eller højkultur og i øvrigt kultur af exceptionel historisk, videnskabelig eller kunstnerisk betydning, udvides med organisationens *2003-konvention* om immateriel kulturarv – ratificeret af Danmark i 2009 – til desuden at omfatte kultur af mere folkelig karakter.

I dag og vel siden 1980'erne indgår ordet og begrebet i bl.a. dansk lovgivning, universitetsforskning og -undervisning samt kulturinstitutionernes teori og vel især praksis, foruden i offentlighedens og i politiske diskussioner som en vigtig – og måske ikke mindst vigtig i dag og ikke kun i Danmark, da kulturarv af mange anses for særligt trængt af forskellige og forskelligt opfattede omstændigheder – reference med ganske varierende, ja måske af og til diffus, betydning. Undersøgelser tyder også på, at brugen af termen og ordet har været stærkt stigende i hvert fald i det første årti af dette århundrede.

Forestillinger om 'kulturarv' – sigende nok hovedsagelig med andre benævnelser (fx danefæ og oldsager)[v] – i en mere omfattende, mindre historisk specifik betydning findes imidlertid utvivlsomt til alle tider, og måske ovenikøbet ikke mindst fra de historisk tidligste samfundsformationer til og med middelalderen samt hos nutidige, ikke-moderne samfundsdannelser, dvs. i fundamentalt set statiske samfund, i hvilke den altovervejende uforanderlige 'arv' fra de foregående slægter var og er afgørende for samfundets videreførelse. Om nogen bevidst eller egentlig arv er der i disse samfund næppe nødvendigvis tale; snarere overleveres det traditionelle stof naturgroet, organisk og selvfølgeligt, idet der ikke i sådanne samfund eller fællesskaber opfattes noget skel mellem den gamle og den nye generation, sådan som arvebegrebet immervæk modsætningsvis indikerer, at der er. Man kan også formulere dette forhold på den måde, at (kultur)arvsbegrebet i grunden betyder: "Du/I (betragtet som selvstændige subjekter) får ting og forestillinger af mig/os (betragtet som selvstændige subjekter)", mens overleverings-forholdet mellem generationerne i de mere statiske samfund er af organisk art, hvilket omtrent betyder: "Jeg/mine ting og forestillinger er på det nærmeste identisk(e) med dig/dine ting og forestillinger (blot er der en uvæsentlig, tidsmæssig/kronologisk forskel mellem os)", og derfor er der altså i dette sidste tilfælde ikke tale om et egentligt arveforhold. I øvrigt er kulturbegrebet som sådant næppe heller særlig relevant for i hvert fald de tidligste eller ikke-moderne statiske samfund, idet adskillelsen i en selvstændig kultur på den ene side og ikke-kultur (især natur) på den anden ikke var en del af disses verdensopfattelse, der var en opfattelse af alting som en enhed, således også kulturens og naturens.

En tydelig og stærkt epokegørende de facto henvisning til (en universel) 'kulturarv' uden brug af dette ord[vi] finder vi i den europæiske renæssances forkærlige og hengivne brug af og beskæftigelse med antikken. Her har denne 'kulturarv' ikke mindst en stærkt polemisk karakter imod middelalderens, sådan som man opfattede det, kristne moralisme, krops- og humanitetsfjendskhed. Helt op i 1900-tallet havde denne antikke 'kulturarv' betydelig indflydelse i den vestlige verden, herunder Danmark, især ved de gymnasiale og de højere uddannelsesinstitutioner.

Imod oplysningstidens selvforståelse som historiens hidtidige højdepunkt og dens tilsvarende manglende tillid til fortidens kulturelle landvindingers aktualitet kommer førromantikken og romantikken op omkring år 1800 med den tyske filosof J. G. von Herder (1744-1803) som en central protagonist for ikke mindst ethvert folks eller enhver nations egen, nationale 'kulturarv', der ifølge Herder rigtignok udvikler sig eller bør udvikle sig med de særegne, nationale eller folkelige former for humanitet som endemål. Man finder dog også en universalromantik omkring år 1800 (repræsenteret ved bl.a. den tyske filosof F.W.J. Schelling (1775-1854)), dvs. en tanke om, at alt i universet dybest set er et, hvilken utvivlsomt også direkte eller indirekte indvirker på det senere kulturarvsbegreb, således på tanken om en 'verdensarv' (jf. om *UNESCO's '72-konvention* i *Kapitel 2*).

Det er givetvis berettiget at anse romantikken for en særdeles vigtig, hvis ikke den vigtigste, idéhistorisk forudsætning for det moderne kulturarvsbegreb eller rettere for de moderne kulturarvsbegreb*er* – og det muligvis for nogles vedkommende desto mere, eftersom romantikerne i 1800-tallet var tilbøjelige til, samtidig med en dyrkelse af oldtiden og den middelalderlige fortid, at anse sin samtid som en tid præget af (læs: oplysningstidens og det postrevolutionære) forfald. Men man skal dog på den anden side ikke undervurdere oplysningstidens indflydelse, ved siden af romantikkens, på i hvert fald den ikke ubetydelige del af disse begreber, der lægger vægt på selvstændig, kritisk stillingtagen til det kulturelt overleverede.

KAPITEL 2

Om FN-erklæringer og –konventioner om eller
med relevans for begrebet

a. Verdenserklæringen af 1948 om menneskerettighederne[vii]

Denne erklærings *Artikel 27 stk.1* lyder: "Enhver har ret til frit at deltage i samfundets kulturelle liv, til kunstnydelse og til at blive delagtiggjort i videnskabens fremskridt og dens goder".

Artiklen lægger således vægt på individets rettigheder i forhold til hele kulturen, herunder altså til 'kulturarven', samt på dets frie (med)virken ved den og til dens videre udvikling.

b. *Haag-konventionen af 1954*[viii]

I denne konvention, der blev ratificeret af Danmark i 2003, finder vi muligvis – om end implicit – den vigtigste information om forudsætninger for brugen af ordet kulturarv og for begrebet kulturarv i det mindste i efterkrigstiden, ja måske endda om kilden til selve ordet og begrebets faglige, politiske og dagligsproglige almindelige anvendelse overhovedet. Indledningen til konventionen citeres i det væsentlige her:

"KONVENTION OM BESKYTTELSE AF KULTURVÆRDIER[ix] I
TILFÆLDE AF VÆBNET KONFLIKT
De høje kontraherende parter
(.) erkender, at kulturværdier under de senere tiders væbnede konflikter har lidt alvorlig skade, og at kulturværdier på grund af krigsteknikkens udvikling befinder sig i voksende fare for ødelæggelse;
(.) er overbevist om, at skade på et hvilket som helst folks kulturværdier er ensbetydende med skade på hele menneskehedens kulturarv, fordi ethvert folk bidrager til verdenskulturen;
(.) anser, at bevaringen af kulturarven er af stor betydning for alle verdens folkeslag, og at det er vigtigt, at denne arv bliver genstand for international beskyttelse;

(.) *ledes* af de principper for beskyttelse af kulturværdier under væbnet konflikt, som proklameres i Haagerkonventionerne af 1899 og 1907 og i Washingtonpagten af 15. april 1935;

(.) *er af den opfattelse*, at en sådan beskyttelse ikke kan være effektiv, med mindre både nationale og internationale tiltag iværksættes i fredstid med dette for øje;

(.) *er besluttet på* at tage alle mulige skridt for at beskytte kulturværdier (…)".

Ikke mindst *Anden Verdenskrig* (og senere voldelige, nationale og internationale konflikter og krige) synes altså at kunne have foranlediget brugen af ordet samt konceptionen af begrebet under indtryk af, at kommende generationer tydeligvis igennem ikke mindst den nævnte slags voldelige handlinger ville blive frataget noget, som man anså for værdifuldt for hele menneskeheden, indbefattet kommende slægter. Man kan således her bemærke, at ordet og begrebet 'kulturværdi', der i konventions-teksten går over i ordet og begrebet 'kulturarv' (og ganske vist tilbage igen), således øjensynlig ikke (længere) er helt tilstrækkeligt til at beskrive sagen, idet ordet og begrebet dels ikke nødvendigvis dækker det, at kulturværdierne vedkommer ikke blot den nuværende, men også kommende generationer, dels ikke fortæller, at den nuværende kultur/de nuværende kulturer er noget, som de kommende generationer kan *gøre krav på* som en slags arv. Disse betydninger dækkes derimod af kulturarvsbegrebet, som ikke mindst eventuelt krigsførende eller voldelige parter altså menes at burde besinde sig på.

c. UNESCO's 1972-konvention[x]

Denne konvention (ratificeret af Danmark i 1979), der klart bærer præg af begrebet om 'verdensarv' og altså ikke i særlig udtalt grad inkluderer en mere folkelig kultur, begrundes med, at den, bl.a. i betragtning af i øvrigt ikke nærmere bestemte trusler forårsaget af nye sociale og økonomiske ændringer, anser etableringen af et effektivt system til kollektiv beskyttelse af kultur- og naturarv af overordentlig stor universel værdi ("outstanding universal value") for påkrævet.

Det hedder videre, at organisationens formål er at opretholde, forøge og sprede viden, hvortil kulturarven anses for at kunne bidrage.

72-konventionen taler udelukkende om *materiel* kulturarv. Definitionen heraf har denne engelske ordlyd (konventionens *Artikel 1*):

"For the purposes of this Convention, the following shall be considered as "cultural heritage":

monuments: architectural works, works of monumental sculpture and painting, elements or structures of an archaeological nature, inscriptions, cave dwellings and combinations of features, which are of outstanding universal value from the point of view of history, art or science;

groups of buildings: groups of separate or connected buildings which, because of their architecture, their homogeneity or their place in the landscape, are of outstanding universal value from the point of view of history, art or science;

sites: works of man or the combined works of nature and man, and areas including archaeological sites which are of outstanding universal value from the historical, aesthetic, ethnological or anthropological point of view".

Konventionen lægger altså afgørende vægt på, at vurderingen af, hvad der måtte være den universelle kulturarv eller verdenskulturarv (som konventionen i særlig grad har sigte imod og ikke den nationale eller lokale), bør være *videnskabelig eller kunstnerisk*.[xi]

d. *UNESCO's 2003-konvention*[xii]

Denne – i forhold til 72-konventionen mere rummelige, mere 'folkelige', om man vil – konvention (ratificeret af Danmark i 2009) samt etableringen af passende internationale instrumenter til den praktiske effektuering af beskyttelsen af den immaterielle kulturarv motiveres dels med, at globalisering, social forandring og intolerance hævdes at udgøre trusler imod den immaterielle arv, dels med påstanden om, at denne arv er en drivkraft for kulturel diversitet og en garanti for bæredygtig udvikling, dels med behovet for at bibringe især de yngre generationer bevidsthed om den immaterielle kulturarvs betydning, og dels med denne arvs "uvurderlige rolle som medvirkende til at bringe mennesker tættere på hinanden som en faktor, der sikrer udveksling og forståelse imellem dem".

Under de almene bestemmelser (*"General Provisions"*) i konventionen defineres den immaterielle kulturarv nærmere på følgende måde i *Artikel 1*:

"For   the   purposes   of   this   Convention,
1. The "intangible cultural heritage" means the practices, representations, expressions, knowledge, skills – as well as the instruments, objects, artefacts and cultural spaces associated therewith – that communities, groups and, in some cases, individuals recognize as part of their cultural heritage. This intangible cultural heritage, transmitted from generation to generation, is constantly recreated by communities and groups in response to their environment, their interaction with nature and their history, and provides them with a sense of identity and continuity, thus promoting respect for cultural diversity and human creativity. For the purposes of this Convention, consideration will be given solely to such

intangible cultural heritage as is compatible with existing international human rights instruments, as well as with the requirements of mutual respect among communities, groups and individuals, and of sustainable development.

2. The "intangible cultural heritage", as defined in paragraph 1 above, is manifested inter alia in the following domains:

(a) oral traditions and expressions, including language as a vehicle of the intangible cultural heritage;

(b) performing arts;

(c) social practices, rituals and festive events;

(d) knowledge and practices concerning nature and the universe;

(e) traditional craftsmanship".

Til forskel fra en del andre teksters bestemmelser af kulturarvsbegrebet tilregnes i denne tekst *individer* og ikke blot samfund eller grupper en ret til at anerkende noget som immateriel kulturarv. Desuden ses denne som historisk foranderlig, men dog kontinuerlig og identitetsfremmende. Denne karakter af den immaterielle kulturarv fremmer angiveligt respekt for kulturel mangfoldighed og menneskelig kreativitet.

Konventionen indeholder imidlertid en bemærkelsesværdig indskrænkning i relation til sin intentionelle beskyttelse af den immaterielle kulturarv, idet et sådant emnes vigtighed for *UNESCO* vil være helt og aldeles afhængig af bl.a. dets forenelighed dels med de eksisterende menneskerettigheder, dels med bæredygtig udvikling, hvilken sidste dog ikke defineres nærmere[xiii].

Denne konventions måske noget pr-lignende formuleringer og tilkendegivelser har kulturel mangfoldighed ("diversity"), tolerance, mellemmenneskelig forståelse og bæredygtig udvikling på traditionens grundlag som sit og altså *UNESCO's/FN's* formål, hvad (den immaterielle) kulturarv angår. Imidlertid fremsættes det på den anden side som et uomgængeligt krav, at intet kan betragtes som kulturarv, som ikke stemmer overens med de eksisterende menneskerettigheder. Det må skønnes, at dette sidste krav har tydelig forrang.

e. Sammenfatning

Kulturarvsbegrebet synes at have fået sin (moderne) udformning på basis af ikke mindst erfaringerne fra de umådelige ødelæggelser under *Anden Verdenskrig*, men også fra senere betydelige ødelæggelser, der kan medvirke til at fratage kommende generationer kilder til såvel vigtig viden som til menneskenes indbyrdes nationale og internationale forståelse og tolerance, kilder, som de kan hævde at have krav på, ifølge *FN*.[xiv]

FN lægger også vægt på individets og ikke blot på gruppers eller samfunds rettigheder i forhold til kulturen og kulturarven in toto.

Man lægger desuden helt overordnet vægt på *overensstemmelsen med menneskerettighederne* som en begrænsning for, hvad der kan betragtes som kulturarv. Dette kunne blandt meget andet betyde, at en tyrans gravsted i og for sig i reglen ikke kan betragtes som kulturarv. Bestemmelsens implikationer må imidlertid anses for noget uklare; ville middelalderens og renæssancens hekseprocesser eller romerkirkens inkvisition og disses overleverede remedier, skrifter mv. således kunne betragtes som legitim kulturarv? Måske kan spørgsmålet kun besvares med et ja, ifald dette stof bliver formidlet kritisk?

Kulturel mangfoldighed samt bæredygtig udvikling gælder også som centrale formål for *UNESCO*, hvad angår kulturarven.

Vurderingen af, hvad der måtte være verdenskulturarv, bør være videnskabelig eller kunstnerisk, hedder det i 72-konventionen. Så strenge krav stiller 03-konventionen imidlertid ikke, idet ikke nærmere definerede grupper og individer ifølge denne legitimt kan anse noget for sin (immaterielle) kulturarv.

KAPITEL 3

Om danske lov- og ministerielle tekster

a. *Bekendtgørelse af museumsloven af 7.6.2006*[xv]

Selv om kulturarvsbegrebet har en central placering i denne bekendtgørelse, og skønt der heri i kort lovform tales om museers relation til kulturarven, findes der ikke nogen egentlig bestemmelse eller definition af begrebet.

Bekendtgørelsen åbner dog for (in casu og formelt de kulturhistoriske museers, men reelt alle relevante, offentlige institutioners) mulighed for at fortolke kulturarv som såvel bærer af foranderlige som kontinuerlige historiske forhold, når det i dens *Kapitel 2 §4* hedder: "De kulturhistoriske museer belyser forandring, variation og kontinuitet i menneskers livsvilkår fra de ældste tider til nu". Bekendtgørelsen lader der således være vidt eller snarere videst muligt spillerum for museernes forskningsbaserede undersøgelsesresultater i henseende til, om der i det konkrete tilfælde viser sig at være tale om historisk forandring, brud, kontinuitet eller en kombination heraf.

For så vidt som der findes en 'ideologi' eller en meget generaliseret og abstrakt 'historiefilosofi' i bekendtgørelsen, er der tale om en bekræftelse af, at såvel forandring og variation på den ene side som kontinuitet på den anden er erkendte, ligeværdige og af hinanden nødvendigvis afhængige, historiske bevægelsesformer for udvikling, idet bekendtgørelsen i *§4* ikke tager noget forbehold i henseende til museernes belysning af de historiske forhold a la eksempelvis dette: "Der belyses forandring i historien under forudsætning af, at sådan overhovedet finder sted eller overhovedet finder sted som noget historisk signifikant".

Bekendtgørelsens formålsparagraf *1* ønsker også ved museernes mellemkomst at "sikre Danmarks kulturarv" samt "viden om denne og dens samspil med verden omkring os". Det må således ifølge bekendtgørelsen anses for et centralt og ikke et perifert eller parentetisk anliggende (in casu for de kulturhistoriske museer) ikke blot at behandle *Danmarks* kulturarv, men også den relevante udenlandske, som aktuelt måtte have eller historisk måtte have haft indflydelse på dansk kulturarv et vice versa.

(Det museumsformidlede) kendskab til kulturarven og -historien bør ifølge bekendtgørelsen være forskningsbaseret, og det bør som sådant forskningsbaseret i princippet udbredes til hele befolkningen. Man kan i et videre perspektiv udlægge dette sådan, at nærværende lovgivning lægger vægt på, at befolkningens synspunkter på og holdninger til kulturarven (ideelt set) bør være mest muligt velunderbyggede.

b. *Lov om ændring af museumsloven af 18. juni 2012*[xvi]

I forhold til den ovenfor behandlede bekendtgørelse understreges yderligere i denne lov, foruden museernes økonomiske bæredygtighed, dels deres "faglige bæredygtighed" (det vil først og fremmest sige videns- og forskningsbaseringen), dels det internationale aspekt af arbejdet med kulturarven og dels aktualiseringen af denne. Den reviderede formålsparagraf *1, stk. 1* lyder således: "Lovens formål er gennem fagligt og økonomisk bæredygtige museers virksomhed og samarbejde at sikre kulturarv og naturarv i Danmark og udvikle betydningen af disse i samspil med verden omkring os".

I bekendtgørelsen af 2006 er der tale om *at betragte* dansk kulturarv i samspil med omverdenen, mens der i denne lov tales om, *at udvikle* dansk kulturarvs betydning i samspil med omverdenen, dvs. i et internationalt samarbejde, hvilket altså betones yderligere her.

Helt tydeligt fremgår det ganske vist ikke af denne paragraf, hvori udviklingen af kulturarvens betydning skal bestå; men formuleringen i teksten må i det mindste også betyde udvikling af den aktuelle betydning af kulturarven.

I *§2* understreges det yderligere, eller ekspliciteres det i det mindste set i relation til bekendtgørelsen, at museernes perspektiv ikke blot skal være lokalt og nationalt, men også globalt – og altså heller ikke blot europæisk eller vestligt.

Ønsket om fokusering på aktualisering, altså på det nu- og måske fremtidsorienterede, og det måske ovenikøbet anvendelsesorienterede aspekt af kulturarven fremgår klart af §2, stk. 1-3:

"1) aktualisere viden om kultur- og naturarv og gøre denne tilgængelig og vedkommende,

2) udvikle anvendelse og betydning af kultur- og naturarv for borgere og samfund og

3) sikre kultur- og naturarv for fremtidens anvendelse".

I nærværende lov understreges, foruden altså det forskningsbaserede og det globale, med andre ord kulturarvens nutidige relevans og kulturarven i nutidig optik, hvilket også vil sige dens med tidernes skiften foranderlige relevans og betydningsindhold.

c. *Kulturministeriet om kulturarv*

"Kendskab til kulturarven er hver generations bro fra det forgangne til det fremtidige. I hele verden bestræber man sig på at beskytte og dermed bevare de enkelte landes kulturarv og spor efter menneskelige aktiviteter.

Mennesker har altid haft behov for at kende deres egen kulturarv som et nødvendigt udgangspunkt for tilværelsen

og som en væsentlig del af både deres egen og deres lands identitet.

Gennem tiderne har Danmark derfor opbygget samlinger, der giver os muligheder for at forholde os til vores fortid for bedre at kunne forholde os til og forstå vores nutid og verden omkring os.

Ministeriets kulturbevaringsområde omfatter opgaver vedrørende den danske kulturarv i bred forstand. En stor del af den danske kulturarv befinder sig på landets museer, arkiver og biblioteker. Men også fredningen af landets fortidsminder og bygninger er omfattet af bestræbelserne på at bevare vores fælles kulturarv".[xvii]

Ministeriet betoner her menneskers behov for at kende og forholde sig til deres egen kulturarv, og tilsvarende betones den danske kulturarv "i bred forstand" som ministeriets og de under dette hørende institutioners kulturbevaringsområde.

d. *Slots- og kulturstyrelsen* om begrebet kulturarv

I afsnittet *Hvad er kulturarv?* i teksten *Lokalplaner og kulturarv* giver *Slots- og Kulturstyrelsen (SK)* denne minimalkarakteristik af begrebet kulturarv: "Kulturarven knytter sig til sporene efter menneskets virksomhed i byerne og ude i det åbne land fra den ældste tid og til i dag".[xviii]

Denne karakteristik af begrebet sætter ikke nogen grænse for, hvad begrebet omfatter i henseende til "spor efter menneskets virksomhed"; alle sådanne spor er eller kan således i princippet være relevante som kulturarv. Denne formulering af begrebet skal næppe nødvendigvis forstås sådan, at alle spor efter menneskelig virksomhed til enhver tid er lige relevante som kulturarv, men snarere sådan, at man med formuleringen åbner for fortolkninger af forskellig karakter; først og fremmest utvivlsomt de(n) enkeltvidenskabelige og faglige, men også den politiske, den ideologiske, den administrative og den metateoretiske (fx filosofiske og idéhistoriske).[xix] Den mere pragmatiske, faglige vurdering levnes også plads med *SK's* formulering, altså fx vurderingen af hvor mange 'Madam Blå'-kaffekander, det enkelte museum eller landets samlede bestand af museer har behov for.

SK gør sig således ikke til talsorgan for nogen art af fortolkning af kulturarvsbegrebet, hverken faglig, politisk eller anden, men gør derimod med sit nærmest altomfattende begreb om menneskelig virksomheds spor plads for interpretation fra andre positioner, dvs.: man udelukker ikke eventuelle fortolkende begrænsninger eller udvidelser af begrebet fra fagligt eller andet hold. Man udtrykker sig således heller ikke på den måde, at kulturarven er *identisk med* sporene efter menneskets virksomhed, men derimod sådan, at kulturarven *knytter sig til* disse spor. Dvs., at det, som fagmanden eller andre nu måtte antage var relevant kulturarv, og som måtte udelukke andre spor af menneskets virksomhed som relevante, kunne vise sig at være en betydningsfuld og gyldig indsnævring af begrebet, i hvert fald i den givne situation og under de givne omstændigheder.

Kulturarven indskrænkes ikke engang af *SK's* karakteristik til Danmark og danskerne, idet der er tale om "sporene efter *menneskets* virksomhed" (min kursiv), og ikke virksomhed af mennesker med en bestemt nationalitet.

Den ideologi, der kan siges at ligge implicit i formuleringen, kalder på prædikater som demokratisk, tolerant og åben for diskussion af fortolkninger af begrebet kulturarv. Staten – her i skikkelse af *SK* og *Kulturministeriet* – som sådan blander sig således ikke nærmere i definitionen eller karakteristikken af kulturarvsbegrebet.

SK's institutionelle karakteristik af begrebet kan altså kaldes et demokratisk, politisk-administrativt spillerum eller felt for forskellige fortolkninger, men har ikke status som en begrebsbestemmelse af kulturarven.[xx] For en filosofisk betragtning kan *SK's* karakteristik imidlertid kaldes værdirelativistisk. Men det skal dog hertil retfærdigvis bemærkes, at *SK's* ærinde ikke er filosofisk.

e. Sammenfatning

Dette kapitel har fokus på tekster af kulturministeriel, administrativ og juridisk karakter, som især vedrører institutioner under kulturministeriets ressortområde. Det betyder ingenlunde, at andre institutioner, ikke mindst uddannelsesinstitutioner, anses for at være uden betydning i kulturarvsøjemed. Den bærende hensigt i dette som i alle øvrige kapitler har derimod været at inddrage centrale tekster, som er skønnet velegnede som grundlag for afhandlingens refleksioner over og bestemmelse af kulturarvsbegrebet. Hvem eller hvad der således måtte være bedste forvalter af kulturarven i Danmark, tages der ikke stilling til; principielt kunne det givetvis alt efter det konkrete tilfælde være institutioner under kulturministeriet, uddannelsesinstitutioner, daginstitutioner, familien eller noget/nogen femte.

De her behandlede tekster – med delvis undtagelse af den ministerielle tekst, der betoner den danske kulturarv, men immervæk "i bred forstand" – åbner et meget vidt felt for interpretation. Man lægger sig således hverken fast på et identitets- eller et forskels-/mangfoldighedsbegreb om kulturarven. Ej heller på et danskheds- eller et globalt perspektiv, og man lægger sig heller ikke fast på enten det fortidige materiale eller det samtidige, aktuelle stof.[xxi]

Der lægges dog vægt på, at begreberne bør være forskningsbaserede, i det mindste hvad angår de offentlige institutioners formidling og hele arbejde.

Kulturarvens nutidige relevans, dens aktualitet lægges der også særlig vægt på for de relevante offentlige institutioners vedkommende.

De behandlede skrifter kan på den måde siges at åbne eller bekræfte et politisk-administrativt spillerum for museers og andre særligt kulturarvsrelevante offentlige institutioners forskelligartede og forskellige, forskningsbaserede og aktualiserende fortolkninger.

KAPITEL 4

Om leksikalske fremstillinger og ordbogsdefinitioner[xxii]

a. *Den Store Danske*

Den Store Danske definerer begrebet således:

"Kulturarv, kulturprodukter, der i særlig grad udgør et lager for menneskelig erfaring, og som derfor tvinger til eftertanke og er med til at forme en kulturel identitet. I den snævre betydning er der tale om en kanoniseret kultur, såkaldt finkultur, der kun omfatter malerkunst, arkitektur, litteratur og musik, som er anerkendt i elitær forstand. Begrebet bruges dog stadig mere i en bred betydning fra kunstneriske og hverdagslige materielle udtryk til sprog, livsformer og identitet.

I nationalstater har man siden 1800-t.s slutning på de store nationale kunst- og kulturhistoriske museer indsamlet, registreret, bevaret og udstillet genstande, der kan bekræfte en særlig national identitet. Den seneste udvikling går i retning af tillige at lade landskaber og hele kulturmiljøer omfatte af kulturarvsbegrebet. På verdensplan udvælges i henhold til UNESCO-konventionen særlige bevaringsværdige bygninger samt kultur- og naturmiljøer som en kulturarv, der tilhører hele menneskeheden og derfor skal beskyttes i særlig grad".[xxiii]

Artiklen betoner kulturarvens betydning for formningen af "kulturel identitet" og ikke mindst "national identitet", selv om artiklen, vel ikke mindst på baggrund af *UNESCO-konventionen* af 1972, også synes at påpege en åbning for, hvad man kunne kalde en global identitet i en eller anden forstand.

Kulturbegrebet i sine "finkulturelle" former synes i dag ifølge artiklen i færd med at blive overhalet af et langt bredere kulturbegreb, bl.a. også omfattende "hverdagslige materielle udtryk", "livsformer" og "landskaber".

b. *Den Danske Ordbog*

Den Danske Ordbog har denne definition af kulturarv: "Den del af en stor gruppe menneskers eller en befolknings livssyn, livsstil, omgangsformer og kunstneriske udtryk der er overtaget fra tidligere generationer".[xxiv]

Denne ganske korte definition har en bred eller måske ovenikøbet den bredest mulige bestemmelse af begrebet om kulturarv i den forstand, at den ikke er 'elitær' eller 'finkulturel' – dog kan definitionen synes, men nok imod intentionen og måske pga. sin knappe form, at betone den immaterielle kulturarv noget.

Kulturarven synes her at gå i retning af det identitetsformende for ikke blot nødvendigvis en hel (national) befolkning, men også for 'subkulturer'.

Kulturarven anses imidlertid ifølge artiklen ikke for at være alt, hvad der er menneskeformet, men er derimod det, som (bevidst eller ubevidst) er overtaget fra tidligere generationer. Denne opfattelse synes at indikere, at kulturarven primært er at forstå som fortidig, mindre eller slet ikke som stof af nu- eller samtidig oprindelse.

For at være kulturarv må emnet også være overtaget af i det mindste "en stor gruppe mennesker"; dermed synes meget esoteriske eller, om man vil, elitære frembringelser at have vanskeligt ved at kunne kaldes kulturarv.

Artiklen taler også om, at kulturarv er noget "overtaget", som tilsyneladende ikke i nogen betydelig grad nytolkes af mennesker i nye generationer.

Artiklen synes at videreformidle en opfattelse af kulturarvsbegrebet, som man kunne kalde konserverende og kvantitativ, men også pluralistisk.[xxv]

c. *Wikipedia (dansk)*

I sin helhed lyder *Wikipedias* danske artikel om kulturarv sådan:

"Kulturarv er et begreb, der bruges som betegnelse for kulturelle elementer, som anses for at være med til at danne en fælles erindring om fortiden. Erindringen kan være fælles for hele verden eller en mindre gruppe som en nation eller et folkeslag.

Der kan skelnes mellem materiel og immateriel kulturarv. Den materielle udgøres af fx monumenter, mens den immaterielle er fx skikke.

I 1972 vedtog UNESCO en konvention til beskyttelse af verdensarv, der omfattede den materielle kulturarv (Danmark ratificerede konventionen i 1979), og i 2003 blev en lignende konvention vedtaget for den immaterielle kulturarv (Danmark ratificerede konventionen i 2009).

I en dansk sammenhæng dukker begrebet kulturarv for alvor op i 1980-erne. Forud for brugen af dette begreb gik brugen af begreberne "identitet" og "kollektiv hukommelse". Fra 1980-erne ekspanderede begrebet kulturarv stærkt i den kulturpolitiske og institutionspolitiske debat, hvor der nu tales om "den danske kulturarv" eller "Danmarks kulturarv", især med fokus på museers og bibliotekers forvaltning af kulturarven. Kulturministeriet introducerede begrebet kulturarv på en konference i 1999 i en tale af daværende kulturminister Elsebeth Gerner Nielsen. I forbindelse med, at Kulturministeriet i 2003 udarbejdede en rapport om bevaring af Kulturarven, fastlagde ministeriet, at kulturarvsinstitutionerne i Danmark er:

på arkivområdet: Statens Arkiver,

på biblioteksområdet: Det Kgl. Bibliotek (tidligere Det Kongelige Bibliotek og Statsbiblioteket),

på museumsområdet: Statens Museum for Kunst, Nationalmuseet, Statens Naturhistoriske Museum og Det danske Filmmuseum.

I det seneste årti er kulturarvsbegrebet blevet udvidet til at omfatte både den kanoniserede (fin)kulturelle arv og den fødte kulturarv. Kulturarvsbegrebet er også udvidet til det digitale område, idet Det Kgl. Bibliotek via Netarkivet indsamler den digitale kulturarv fra den danske del af Internettet". xxvi

Artiklen fremhæver den fælles erindring om fortiden samt såvel den globale som den nationale eller etniske kulturarv. Det af artiklen formidlede begreb om kulturarv er bredt, idet det omfatter såvel den "kanoniserede (fin)kulturelle arv" som den "fødte kulturarv", hvor det sidste meget vel kan betyde også folkelige former for kultur, der i princippet ikke vurderes kvalitativt i deres egenskab af kulturarv, men simpelthen i tilpas stort mål er blevet overleveret til nye slægtled.

Idet fx en nations kulturarv udgøres af såvel det nationale stof – materielt eller immaterielt – som det globale, ligger det implicit i artiklen, at nationerne uløseligt indgår i globale sammenhænge. Nationen ses således både som sig selv og som en del af en global helhed.

Derudover fremhæves altså det identitetsformende, kontinuerlige, fortidige og kvantitative ved kulturarven, og denne synes således også i denne artikel – der nok forstår sig selv som deskriptiv, men i sig også indeholder et moment af normativitet – at være konciperet eller formidlet med en art konserverende, men ikke nationalt accentueret tendens.

d. *Wikipedia (engelsk)*

Den engelske version af *Wikipedia* har denne definition af begrebet: *"**Kulturarv** er det eftermæle i form af fysiske artefakter og immaterielle egenskaber, som en gruppe eller et samfund har fået overleveret fra tidligere generationer, og som bliver bevaret i nutiden og skænket til kommende generationer. Kulturarven omfatter materiel kultur (som fx bygninger, monumenter, landskaber, bøger, kunstværker og artefakter), immateriel kultur (så som folklore, traditioner, sprog og viden) og naturarv (omfattende kulturelt signifikante landskaber og ditto biodiversitet").* [xxvii]

Som den danske version lægger også denne engelske særlig vægt på kontinuiteten, det fortidige og den større eller mindre *gruppe* af 'arvinger' i sit begreb om kulturarven.

Der findes dog i denne artikel efter det citerede klare modifikationer eller præciseringer af definitionen. Nye generationer kan således omvurdere en kulturarvs værdi: *"Den værdi, som hver generation måtte tillægge fortiden og de artefakter, som forbinder den med fortiden, er skiftende. (...) Hvad en generation anser for at være 'kulturarv', kan blive forkastet af næste generation for så blot at blive genoplivet af en derpå følgende generation").* [xxviii] Dette må siges at svække det præserverende moment i definitionen ovenfor til fordel for et reflekteret forhold til kulturarven, uden at definitionens betoning af det kollektive forhold til kulturarven dog ændres. Senere i artiklen tales der også – ligeledes modificerende i forhold til definitionens præserverende moment – om, at den engang af en generation modtagne kulturarv eventuelt kan blive overleveret i *beriget* ("enriched") form til nye generationer.

I øvrigt kan det bemærkes, at kulturarven her også indbefatter naturarven.

e. *Wikipedia (tysk)*

I *Wikipedias* tyske artikel *"Kulturgut"* ("kulturgode") hedder det: "Helheden af menneskelige kulturgoder betegnes som **kulturel arv** eller **kulturarv**".[xxix] Denne formulering forekommer interessant, da kulturarven her udelukkende betragtes som global. Anskuelsen kan muligvis henføres til en efterkrigstidens tysk modvilje imod en særlig opmærksomhed rettet imod (national) tysk kultur og omvendt en tilsvarende positiv rettethed imod det internationale, det være sig det europæiske, det vestlige og/eller det globale.

En bestemmelse af kulturarvens – øjensynlig er temaet her dog de facto den materielle kulturarv – konkrete omfang (dens 'inventarisering') og dettes historiske udvikling finder man i det følgende: "Betegnelsen *kulturgode* anvendes på mange måder i det tyske sprogrum og omfatter såvel flytbare som ikke-flytbare goder. Kulturgoder er i reglen af arkæologisk, historisk, litterær, kunstnerisk eller videnskabelig betydning. *K.* kan såvel være biblioteksbestande, arkiver og museer som arkæologiske monumenter og bygninger (bygningsmonumenter som kirker, klostre og slotte). Siden 1960'erne anerkendes også den tekniske kulturs frembringelser som k., fx historiske produktionsanlæg eller samfærdselsmidler. K. stammer hyppigt fra højkulturen, men de kan også høre til folkekulturen, hverdagskulturen eller industrikulturen".[xxx]

Behovet for international beskyttelse af kulturarven fremhæves også i artiklen, idet implementeringen af denne beskyttelse via fx nationale og internationale lovgivninger og domstole findes påkrævet, da de internationalt vedtagne normer for denne beskyttelse ikke i sig selv anses for tilstrækkelige. De nævnte normer findes bl.a. i *UNESCO-konventionen* af 1970 og *Haag-konventionen* af 1954.

Endelig gør artiklen opmærksom på, at "deltagelse i samfundets kulturelle liv" er en menneskeret ifølge *Artikel 27* i *FN's Verdenserklæring om menneskerettighederne* af 1948. (I dansk oversættelse lyder denne artikels *stk. 1*: "Enhver har ret til frit at deltage i samfundets kulturelle liv, til kunstnydelse og til at blive delagtiggjort i videnskabens fremskridt og dens goder").[xxxi]

Artiklen kan sikkert med sin pointering af det globale aspekt og menneskerettighedsaspektet af kulturarven hævdes at tendere hen imod den opfattelse, at kulturarven primært er international, individuel og basis for nytænkning og nyvurdering snarere end national/etnisk, fælles og traditionel.

f. Wikipedia (fransk)

I denne franske version sættes der ingen geografiske grænser for kulturarven, den er principielt at betragte som i sidste instans universel, men altså også med enkeltelementer eller mere sammensatte helheder af relativt mere lokal, national eller endog personlig karakter: "**Kulturarven** defineres som den helhed af materielle og immaterielle goder, som har en kunstnerisk og/eller en vis historisk betydning, og som angår enten en privat enhed (en person, et foretagende, en forening osv.) eller en offentlig enhed (en kommune, et departement, en region, et land osv.)". [xxxii]

Det fælles, kollektive, kontinuerlige ved kulturarven understreges i den følgende passus, der dog ikke er fuldkommen entydig på dette punkt, idet også forøgelse eller forstærkning af kulturarven pointeres og muligheden for en væsensændring af den kulturelle arv dermed synes at åbnes eller i hvert fald ikke lades ude af betragtning: "(Kultur)arven påkalder sig ideen om en arv, der er testamenteret af

37

de generationer, der er gået forud for os, og som vi skylder at give videre intakt eller forstærket til de kommende generationer, da det så at sige er nødvendigt at oprette en arv for morgendagen. Den overskrider altså langt den simple personlige ejendom (altså retten til at bruge 'og misbruge', ifølge romerretten). Den henhører under det offentlige gode og det fælles gode".[xxxiii]

En passant kan det nævnes, at teksten citerer den franske forfatter André Malraux (1901-1976) for denne aforisme: "La culture ne s'hérite pas, elle se conquiert". ("Kulturen arves ikke, den erobres"). Citatet tyder på en opfattelse af kultur, som ikke er konservativ, men tværtimod peger på en fuldkommen fri, måske uærbødig forholden sig til den. Malraux' holdning i denne sammenhæng kan kaldes for eksistentialistisk.

g. *Wikipedia (italiensk)*

Definitionen af kulturarv i den italienske version – her dog kaldet kulturgoder ("beni culturali")[xxxiv] – er primært politisk-administrativ, idet den henholder sig til *den enkelte stats videnskabeligt informerede definition* af begrebet: "**Kulturgoderne** er alle de goder, der er udpeget af enhver stat som vigtige for arkæologien, litteraturen, kunsten, naturvidenskaben, befolkningskundskaben, etnologien eller antropologien". [xxxv]

h. *Wikipedia (norsk)*

"**Kulturarv** kan sies å være hele den historiske plattformen samfunnet står på. Begrepet er en samlebetegnelse for materiell og immateriell kultur.

Eksempler på kulturarv kan være nye og gamle kulturminner, mat, musikk, kunst, litteratur, dans og håndverk. Språk, tradisjoner og bruksgjenstander er også en del av kulturarven. Slik spenner begrepet vidt og omfatter kulturelementer fra de eldste tider såvel som fra vår egen tid, fra alle sosiale lag og fra alle etniske grupper, praktstykker av høy kunstnerisk verdi såvel som dagligdagse bruksgjenstander.

Viktige begrunnelser for å arbeide med vern av kulturarven ligger i at det gir grunnlag for identitet og rotfeste, skaper forståelse av at egne tradisjoner representerer noe verdifullt, samt gir premisser for hvordan samfunnet skal utvikle seg videre. Dermed bidrar vern av kulturarven både til å skape trivsel hos den enkelte, bærekraftige samfunnskår og åpne, tolerante og robuste samfunn.

I 1972 opprettet UNESCO en liste over spesielt verdifulle og verneverdige kulturarvssteder. Listen kalles verdensarv-listen og omfatter både kultur- og naturarv. Verdensarvlisten blir stadig oppdatert med nye steder.

Kulturarven i Norge omfatter norsk og samisk kultur, og impulser mottatt utenfra som er blitt innlemmet i norsk kultur. Slik spenner begrepet vidt og omfatter kulturelementer fra de eldste tider såvel som fra vår egen tid, fra alle sosiale lag og fra alle etniske grupper, praktstykker av høy kunstnerisk verdi såvel som dagligdagse bruksgjenstander, materielle såvel som immaterielle kulturelementer".[xxxvi]

Kulturarv behandles her primært som den nationale, om end eventuelt multietniske, kulturarv. Begrebet er bredt defineret, idet det ikke udelukker noget menneskeligt produkt eller nogen menneskelig aktivitet.

Det hævdes i artiklen, at kulturarven giver grundlag for identitet og rodfæste, og at egne traditioner repræsenterer noget værdifuldt. Endvidere siges den at levere "præmisser" for samfundets udvikling. Således har denne artikels kulturarvsbegreb utvivlsomt en art konserverende tendens i forhold til det overleverede stof.

i. *Wikipedia (svensk)*[xxxvii]

"**Kulturarvet** utgörs av vad tidigare generationer skapat och hur vi i dag uppfattar, tolkar och för det vidare. Kulturarvet är inte statiskt utan något som ständigt förändras och omformuleras. Varje tid bildar sig en egen uppfattning om vad som är kulturarv och vad det betyder".[xxxviii]

Denne svenske kulturarvs-definition kan kaldes rummelig, dynamisk, historiserende, historisk orienteret, historisk relativistisk og åben for diskussion og nytolkning af kulturarven og begrebet om den. Måske kan en nutidig kultur ovenikøbet inddeles i kultur, som funderes på og videreudvikler det traditionelle, og kultur, som ikke bygger på dette? Dette udelukkes ikke i denne definition.

Hvad man imidlertid kan kalde subjektet for bestemmelse af begrebet, fremsættes i teksten som kollektivt, i egenskab nemlig dels af "tidligere generationer", "vi" og "enhver tid" ("varje tid").

j. *Synonymer.se*

Denne svenske netportal definerer kulturarv som "det bestånd av idéer, upplevelser, värderingar osv. som har tagit sig uttryck i vår kulturs historia och som är mer eller mindre gemensamt för de flesta av oss".[xxxix]

Definitionen henlægger ensidigt kulturarven til det (inter)subjektive ("ideer, oplevelser, vurderinger"), det dynamiske, historisk foranderlige og til det for de fleste mennesker fælles i en given periode.

k. *Foretagensarkiv.se*

"Kulturarv – hjälper oss att förstå dåtid, nutid och framtid. Ett kulturarv består av det som äldre generationer skapat och hur detta uppfattas, tolkas och förs vidare idag. Arvet förändras och anpassar sig efter olika tidsperioder och är därför inte statiskt.

Det är ett brett begrepp med ett innehåll som både är materiellt och immateriellt. Ett kulturarv kan t ex bestå av berättelser, byggnader, fornlämningar, föremål samt traditioner som övertagits från tidigare generationer. Ett kulturarv är både det som är skolat och det som är folkligt. Kulturarv kan delas in i tre kategorier: kulturell egendom, immateriell kultur och naturarv.

Kulturarv är något unikt, oersättligt och vackert, vilket gör att ansvaret för dess bevarande läggs på den nuvarande generationen. Kulturarvet finns överallt och bevaras av oss samt av institutioner som arkiv, bibliotek och museer. Vårt kulturarv berättar för oss hur samhället utvecklats genom tiderna och kan öka vår förståelse för varför det ser ut som det gör idag.

HISTORIA. Förr ansåg man att vårt nationella kulturarv huvudsakligen bestod av lärda och konstnärligt skolade kulturella företeelser. Detta kom att ändras under 1980-talet och en av de bidragande orsakerna till det var

Propositionen om Kulturmiljövård (1987/88:104) där det bl a står att läsa: "Kulturmiljövården kan dock inte inskränkas

till att bara ta tillvara det exklusiva och specifikt intressanta".[xl]

1996 kom en kulturpolitisk proposition som förde fram tanken om "att bevara och bruka kulturarvet". Det här ledde till att man inte längre såg kulturarvet som något som bara gällde gången tid, utan även som något som kunde förklara och påverka samtiden".

Denne definition henviser til såvel det objektive (det materielle som fx ting og miljøer) som til det (inter)subjektive (det immaterielle som fx traditioner) som potentiel kulturarv og som reale forudsætninger for vurderingen af dennes valør som kulturarv. Desuden anses denne og konceptionen deraf for at være dynamiske og tidsbundne. Såvel "det skolede" som "det folkelige" kan være kulturarv.

Kulturarv anses dog også, som et afgørende karakteristikum, for at være "unik, uerstattelig og smuk".

Den anses endvidere for at kunne give oplysning om, hvordan et nuværende samfund har udviklet sig, samt om dets aktuelle udformning.

Endelig fremhæves det også, at kulturarven ikke blot skal bevares (som noget rent fortidigt), men også skal bruges, gøres anvendelig i nutid og fremtid.

l. *kalmarlansmuseum.se*

I forbindelse med det svenske projekt *Vad är tillämpat kulturarv?*[xli] med deltagelse af videnskabelige universitets- og museumsansatte fra bl.a. *Linnéuniversitetet* og *Kalmar Läns Museum* har disse hver især forsøgt at indkredse dette begreb, som altså vel at mærke ikke er ganske identisk med det 'rene' kulturarvsbegreb. Her gengives kun en enkelt af disse udtalelser:

"Carolina Jonsson Malm, forskare i historia, projektledare:

Det vi kallar för kulturarv är de företeelser från det förflutna som vi för tillfället väljer att bevara och föra vidare – av personliga, sociala, politiska eller ekonomiska skäl. Därmed påverkas alltid synen på kulturarv av rådande strukturer och värderingar i samhället och är aldrig statiskt utan i ständig förändring. Kulturarv kan därför aldrig bevaras i sin ursprungliga form, utan omskapas ständigt i vår samtid genom att nya perspektiv, förståelser och berättelser läggs till.

Kultur och kulturarv berikar människors liv och bidrar till social sammanhållning och kulturella utbyten. Kulturarv har en starkt identitetsskapande funktion och av det följer att kulturarvsinstitutionerna och den kulturarvsvetenskapliga forskningen är viktiga medskapare av den kollektiva kulturella identiteten. Dock har betoningen på bevarande inom kulturarvsområdet lett till att samhället inte har utnyttjat kulturarvens fulla potential.

Syftet med projektet Tillämpat kulturarv *var att visa att kulturarv kan användas på många olika områden, såsom utbildning, hälsa, integration, demokrati och samhällsbyggande. Det handlar alltså* *om att hitta nya sätt att tillgängliggöra och nyttja kulturarv till glädje för människor idag. Det har varit väldigt spännande och roligt att arbeta med projektet och vi har fått möjlighet att diskutera och utforska olika sidor av kulturarvsforskning och kulturmiljövård. Det jag framför allt tar med mig är de **nya arbetssätt** som tillämpad forskning innebär för en praktisk verksamhet och även hur praktiken påverkar teorin".*

Det, som ikke mindst skiller sig ud hos Malm ift. mange andre definitioner, er dels det, at hun også lader det strengt *personligt* valgte gælde som kulturarv, og altså ikke kun det videnskabeligt valgte eller sociokulturelt eller samfundsstrukturelt historisk traderede. Og dels lægger hun, rigtignok i overensstemmelse med hele dette svenske projekts formål, vægt på den aktuelle nytteværdi, brugsaspektet af kulturarven med henblik på at udnytte dennes "fulde potentiale".

Det skal bemærkes, at forfatterens perspektiv næppe så meget er den kunstneriske kulturarv som den ikke-kunstneriske.

m. *Owe Ronström, professor i etnologi ved universitetet i Uppsala*

I sin indledning til artikelsamlingen *Astrid Lindgrens Världar i Vimmerby*[xlii] om kulturarv og samfundsudvikling refererer redaktøren, Leif Jonsson, Owe Ronström for den opfattelse af kulturarvsbegrebet, at denne ser på "historie og kulturarv som sociale og kulturelle konstruktioner. I overensstemmelse med denne anskuelse anvender OR sig også af begreberne 'kulturarvsproduktion' og 'kulturarvspolitik'. Med det førstnævnte menes processer, i hvilke kulturarv produceres og bevidst bruges af bestemte personer med bestemte hensigter og i bestemte sammenhænge. Begrebet 'kulturarvspolitik' handler om, hvordan magt erobres og udøves i offentlige sammenhænge ud fra forestillinger om en fælles fortid og gennem bevidst historiebrug".

Ifølge Ronström er kulturarv således ikke noget i nogen afgørende betydning objektivt eller essentielt givet, men derimod en (relativt ny) konstruktion, som bestemte personer søger at gøre samfundsmæssigt gyldig i en bestemt hensigt. Kulturarvsbegrebet anses mao. her øjensynlig for at være et (mere eller mindre vilkårligt sat, men immervæk formålsrettet) konstrueret led i kampen om indflydelse og magt, det være sig i politisk, økonomisk, videnskabelig eller anden henseende.

n. Sammenfatning

Disse, for flertallets vedkommende leksikalske, definitioner er i sagens natur objektivitetssøgende, og definitionerne bliver derfor i høj grad meget brede og omfattende. Et vist problem er det imidlertid i denne sammenhæng, *hvilken* objektivitet, man holder sig til i definitionerne: er det den politisk-administrative, den institutionelle, eller er det især en/den kulturfaglig(e), videnskabelig(e)? Der er nemlig ikke nogen nødvendig overensstemmelse mellem disse optikker, hvad fx professor Owe Ronströms anskuelser (jf. *afsnit l* i dette kapitel) giver et vidnesbyrd om – hvadenten man i øvrigt er enig med ham eller ej. Artiklerne synes imidlertid i hovedsagen at være politisk-administrativt informerede.

Tydeligst fremgår accentueringen af det (stats)institutionelle perspektiv på kulturarven i artiklerne vel af den italienske *Wikipedia*-version (der ganske vist utvivlsomt afspejler den italienske stats og dette samfunds særlige, meget store opmærksomhed på dette lands umådelige rigdom af kulturskatte fra oldtiden og i det mindste frem til barokken i 16-1700-tallene), når det hedder heri: "**Kulturgoderne** er alle de goder, der er udpeget af enhver stat som vigtige for arkæologien, litteraturen, kunsten, naturvidenskaben, befolkningskundskaben, etnologien eller antropologien".

Som en hovedtendens i artiklerne pointeres kulturarvens funktion og medvirken i udformningen af sådan noget som "kulturel identitet". Det betones, at kulturarven er fælles for en større eller mindre gruppe af mennesker. I nogle artikler spores en relativ, men ikke eksklusiv forrang for den nationale kulturarv; men de fleste artikler har desuden mere eller mindre blik for også mindretallige, fx etniske, gruppers kulturarv, såvel som for det samlede såkaldte verdenssamfunds.

Det fortidige, dets bevarelse og overlevering synes endvidere, men ikke utvetydigt eller eksklusivt, i de fleste artikler at have en mere fremtrædende, plads end et nutidigt eller samtidigt forhold til den. Det hedder dog fx (i *afsnit j*): "Ett kulturarv består av det som äldre generationer skapat och hur detta uppfattas, tolkas och förs vidare idag. Arvet förändras och anpassar sig efter olika tidsperioder och är därför inte statiskt". Her betones altså den altid samtidige forholden sig til arven. Det fremgår imidlertid ikke klart af det citerede, om arven her helt anses for at kunne miste sin aktualitet, eller om den altid findes bevaret, men blot i forandret form.

De fleste artikler opererer med et kvantitativt begreb om kulturarven, fx i *afsnit b*: "[Kulturarven er] den del af en stor gruppe menneskers eller en befolknings livssyn, livsstil, omgangsformer og kunstneriske udtryk der er overtaget fra tidligere generationer". Det er således ifølge denne definition den pågældende gruppes størrelse, som afgør, om dens livssyn (delvis) kan klassificeres som kulturarv.

En kvalitativ vurdering lægger dog eksempelvis denne karakteristik i *Den Store Danske* op til: **"Kulturarv** (er) kulturprodukter, der i særlig grad udgør et lager for menneskelig erfaring, og som derfor tvinger til eftertanke". Et spørgsmål her kan det imidlertid være, om ikke eftertanken kan være lige så vigtig en kulturarv som kulturproduktet selv; fx synes det ikke umuligt, at begavede refleksioner over et trafikskilt kan have højere værdi som kulturarv end en ellers berømmet gotisk katedral, der er klassificeret som verdensarv. Generelt eller i høj grad undtaget fra den kvantitative vurdering kan den kunstneriske kulturarv og dennes fagkyndige (smags)domme uden tvivl siges at være.

Kulturarvsbegrebet er generelt i artiklerne det, om man vil, demokratiserede begreb, der inkluderer ikke blot den 'fine' eller 'skolede' kultur, men tillige den mere folkelige og den mere hverdagslige kultur.

Mht. til den videnskabelige metode, som måtte være relevant i kulturarvsforsknings-øjemed, kan det hævdes, at den, såfremt forskerne fulgte det overvejende kvantitative syn på kulturarv, man finder i de her analyserede tekster, primært ville være *henvist til afdækningen af det, som måtte fremme eller have fremmet en kvantitativt afledt kulturel identitet* snarere end til erkendelsen af, hvad der måtte være gedigen kultur, uafhængigt af kvantitative forhold. Det kvantitative syn synes derforuden let at kunne have som en konsekvens, at ikke den (fag)kyndiges eventuelt kvalitative vurdering, men derimod noget, der anses for opkommet naturligt i en befolkning af en vis størrelse, og som kan hævdes at være fælles for denne befolkning, anses for afgørende ved vurderingen af, om et emne kan karakteriseres som kulturarv eller ej.

Langt de fleste artikler anerkender et objektivt, realt, men dog fortolkeligt, materielt eller immaterielt grundlag for kulturarven. Der skelnes mao. mellem det reale, objektive grundlag for kulturarven på den ene side og så de forskellige udlægninger og vurderinger af den på den anden. Owe Ronström forfægter dog den socialkonstruktionistiske opfattelse, at kulturarven er en (forholdsvis ny) konstruktion, hvis formål er at have en virkning i en social, fx politisk sammenhæng. Kulturarven indgår mao. altovervejende i et spil om indflydelse, ifølge Ronström. Her er et realt grundlag for begrebet altså af marginal eller slet ingen betydning.

Carolina Malm fra Kalmar-museets projekt fremhæver dettes formål, nemlig at fokusere på anvendelses-aspektet af kulturarven: "Kulturarv kan användas på många olika områden, såsom utbildning, hälsa, integration, demokrati och samhällsbyggande. Det handlar alltså om att hitta nya sätt att tillgängliggöra och nyttja kulturarv till glädje för människor i dag". Malm fremhæver altså ikke så meget eller ikke blot kulturarvens aktualitet i almindelighed – fx også som noget, der ved sig selv kan befordre en ikke nødvendigvis umiddelbart nyttig erkendelse –, men udelukkende dens konkrete nytteværdi, dens funktion som helt konkret instrument for forbedringer på forskellige områder i samfundet, dens direkte samfundsrelevans. Malms og projektets bevidste fokusering på nytteværdien udelukker dog ingenlunde, at de også kunne anerkende andre aspekter af kulturarven.

Den tyske hhv. den franske *Wikipedia*-artikel fremhæver begge mere utvetydigt end de fleste andre det globale eller universelle aspekt af kulturarven som det vigtigste. Man kan gisne om mulige grunde hertil; mht. den tyske kunne en vel nok ganske oplagt grund være begivenheder i dette lands nyere historie, der har affødt en ganske betydelig aversion imod det nationale, ikke mindst i det officielle Tysklands politik og synspunkter. Hvad angår Frankrig, er dette land jo et af ophavslandene til de universelle menneskerettigheder og har altså nogen forkærlighed for det verdensomspændende perspektiv.

Det forekommer næppe, hvis man ellers kan bygge sit postulat på ikke mindst *Wikipedia*-artikler fra, hvad man med rimelighed kunne kalde kulturelt fremtrædende lande som Frankrig og Tyskland, at være helt futilt at udpege en kulturarvsbegrebets aktuelle udviklingstendens, nemlig den, at kulturarven primært går hen imod 1) i endnu højere grad end i dag at blive anskuet i en international/global, menneskerettighedsorienteret, men alligevel mangfoldigheds-sensitiv optik, 2) at den primært giver plads for en fundamentalt set individuel og individuelt relevant, men ikke først og fremmest subjektivt arbitrær vurdering af sin valør som kulturarv samt 3) at være basis for nytænkning og nyvurdering, snarere end at den understreger det nationale/etniske, fælles og traditionelle. En mere nationalt accentueret anskuelse – om end sikkert i nogle tilfælde i en mere omfattende, inkluderende betydning – af kulturarv skal dog næppe overses som en anden tendens.

KAPITEL 5

Om kulturarvs-idépolitik hos danske partier

A. Om kulturarvspolitiske programtekster

a. Forbemærkning

Kulturarv nævnes og behandles i det store og hele ret sporadisk i de programmer, som er inddraget i denne analyse, bortset fra *Socialistisk Folkepartis* kulturpolitiske program, der indeholder en lidt mere omfattende behandling af begrebet.

I flere programmer nævnes begrebet kulturarv blot eller det behandles kun meget kortfattet, og det har derfor for at lette interpretationen været påkrævet i undersøgelsen at inddrage andre begreber med tydelig relevans for denne forfatters egne overvejelser over kulturarvsbegrebet under skyldig hensyntagen til dettes særegenhed, således især kulturbegrebet, men også historiebegrebet. Desuden er visse af partiernes kulturpolitiske standpunkter på andre felter end kulturarvens inddraget i analysen med henblik på en supplerende, indirekte belysning af partiernes kulturarvsanskuelser.

Partiernes kultur(arvs)politiske, her gengivne og analyserede synspunkter har i afhandlingens sammenhæng det dobbelte formål først og fremmest at være en slags 'sparringspartnere' for mine egne overvejelser over kulturarvsbegrebet, men derudover også at give læseren indblik i og overblik over partiernes *kulturarvspolitisk relevante* standpunkter, som utvivlsomt i høj grad bestemmer eller har indflydelse på de(n) samfundsmæssigt fremherskende idé(er) om kulturarv. Ikke mindst af denne sidstnævnte grund den ret udstrakte behandling af de kultur(arvs)politiske programskrifter.

Det skal bemærkes, at partiernes udsagn ikke primært er videnskabelige eller egentligt faglige forsøg på afklaringer at kultur- eller kulturarvsbegrebet, men kultur*politiske* udsagn om disse. Det kunne, som et tænkt, men ikke virkelighedsfjernt eksempel, indebære, at kulturarvsbegrebet hos et givet parti underordnes under en overordnet politisk ideologisk agenda. Desuden afføder den kulturpolitiske optik også ofte en, for sådan optik uden tvivl legitim, indsnævring af omfanget af kulturarvsbegrebet.

Kun princip-, parti- og kulturpolitiske programmer – alle hentet på internettet – fra de *til Folketinget opstillingsberettigede partier* er taget med i denne analyse.

b. Socialdemokratiets *principprogram ("Fælles om Danmark")*[xliii]

I Socialdemokratiets principprogram fra 2017 er ordet kulturarv ikke nævnt.

Men kulturen behandles sammen med to andre begreber i underafsnittet *Demokrati, sammenhængskraft og kultur*. Det kan således antages, at kulturen, historisk og aktuelt, skal ses i tæt sammenhæng med (det danske) demokrati og dets udvikling samt (det danske samfunds) "sammenhængskraft".

Det hedder i principprogrammet: "Menneskers dannelse er baseret på uddannelse og oplysning samt kulturelle og sociale erfaringer. Herigennem får den enkelte indsigt, selvværd og handlekraft. At lære om og fordybe sig i kunst og kultur er en uundværlig del af denne dannelsesproces, som alle skal have mulighed for at gennemgå fra de tidligste år og hele livet. For Socialdemokratiet er det derfor en grundlæggende forudsætning for et stærkt demokratisk og sammenhængende samfund, at vi har et mangfoldigt, inkluderende og rigt kulturliv. Det fordrer øget lighed i adgangen til kunst og kultur i alle dens former. Kulturen er omdrejningspunkt for vores fællesskab og dermed det kit, der binder danskerne sammen og giver os fælles identitet. Det gælder det stærke foreningsliv og de fælles oplevelser, vi får i musikken, teatret, biografen, litteraturen og i tv. Det gælder i sporten, i digitale fællesskaber, i interessen for historie, kunst og i glæden ved selv at være kulturelt aktiv".

Fordybelsen i kunst og kultur anses for ganske afgørende i henseende til "indsigt, selvværd og handlekraft" og derfor for noget, som alle borgere skal gives livslang mulighed for.

"Kulturlivet" anses endvidere for at tilvejebringe fælles, dansk identitet samt for at udgøre en forudsætning for "et stærkt demokratisk og sammenhængende samfund" og synes således ifølge programmet at være noget væsentligt selv at deltage i og som noget, der fremmer de just nævnte kvaliteter ved samfundet.

Kultur omfatter ifølge programmet ikke mindst kunst, kunstnerisk interesse og beskæftigelse, historisk interesse og (anden) *fritids*aktivitet.

Programmet synes vel i højere grad at fremhæve borgernes lige adgang som en slags 'forbrugere' til kulturens frembringelser, hvis forhold til kulturen ikke mindst er oplevelse, snarere end at fremhæve den offentlige støtte til fx kunstens professionelle, skabende udøvere, som dog på den anden side ikke udelukkes. Alle borgeres mulighed for kulturel *aktivitet* anses imidlertid også for ønskværdig.

Kulturarven må på baggrund af principprogrammet anses for at have samme formål som kultur og kunst i almindelighed.

Som nævnt ekspliciteres kulturarv og partiets forhold hertil ikke i programmet; dog nævnes "interessen for historie", og dermed også kulturhistorie, som socialt efterstræbelsesværdig.

c. Enhedslistens *kulturpolitik*

Enhedslistens principprogram indeholder ikke noget program for en kulturpolitik og nævner ikke ordet kulturarv. Men på nettet findes dog den kulturpolitiske programtekst *Hvad mener Enhedslisten om kultur?*[xliv] (uden år), som imidlertid heller ikke indeholder ordet kulturarv.

Tre temaer – foruden alles lige adgang til kulturelle arrangementer og aktiviteter – med relevans for begrebet kulturarv fremhæves i teksten.

For det første: En entydig, ekskluderende bestemmelse af, hvad dansk kultur(arv) er via kanoner, afvises: "Begrebet 'dansk kultur' er i de sidste år blevet misbrugt i højrefløjens forsøg på at skabe en 'dem og os'-retorik. Et eksempel på dette er den tidligere regerings mange latterlige kanoner – som forsøger at indsnævre og bestemme hvad dansk kultur er og skal være".

For det andet, at kulturen i Danmark er (og altid har været) dels mangfoldig, dels påvirket udefra: "Der findes ikke kun én ægte dansk kultur (.), Danmark har altid været begavet med en mangfoldighed af kulturelle tendenser, og der vil altid være et kulturelt samspil mellem Danmark og verden omkring os – heldigvis".

For det tredje, at dansk kultur generelt ønskes støttet af offentlige midler, da kulturlivets mangfoldighed (men øjensynlig ikke nødvendigvis dets kvalitet som sådan – i hvert fald tager man ikke på dette sted eksplicit stilling til denne problematik) af partiet anses for presset af "internationale mainstream kulturudbud": "Der er (.) en risiko for, at det danske kulturliv presses af internationale mainstream kulturudbud. For at sikre en mangfoldighed i kulturudbuddet er det derfor vigtigt, at danske kunstnere og dansk kulturliv støttes aktivt".

Kulturlivet afgrænses ikke eksplicit i teksten fra ikke-kulturelt liv (som fx kunne være arbejdslivet).

Partiets kulturpolitik og historiske kultursyn synes at have mangfoldighed som et øverste og ledende princip. Dog nævner partiet også sit ønske om alle menneskers "adgang til at nyde og deltage i mange forskellige slags kulturelle aktiviteter af *høj kvalitet*" (min kursiv).

49

d. Socialistisk Folkepartis *kulturpolitik*

Principprogrammet (*Principprogram for SF – Socialistisk Folkeparti,* 2012[xlv]) indeholder ikke ordet kulturarv. Kultur omtales her i følgende passus: "SF arbejder for et alsidigt kulturliv med høj kvalitet".

På hjemmesiden *Kulturpolitik*[xlvi] har *SF* under overskriften *Bevaring af kulturarven* et oplæg, et "første udkast" fra 2004 forfattet af partiets kulturpolitiske forfattergruppe (denne omfattede på affattelsestidspunktet Jørgen Burchardt (som i teksten kaldes tovholder) og fem personer yderligere), der altså har temaet kulturarven.

Historie bestemmes udelukkende som forandring og altså ikke (også) ved noget mere stabilt: "Historie er fortællingen om forandring". Øjensynlig bør den offentlige politik på kulturarvens område ikke mindst muliggøre og sikre indsigt i denne fundamentale historiske forandring, foranderlighed og (muligvis også synkrone) forskellighed: "Det er socialistisk politik at sikre en viden om det forgangne, så et så ægte og alsidigt billede som muligt vil kunne tegnes af de mange kulturer, det menneskelige samfund består af. Det skal ikke være kommercielle eller politiske magter, som skævvrider billedet i deres snævre interesse. Kun det offentlige kan sikre, at historiske oplysninger og genstande kan blive bevaret for – i princippet – evig tid. Dette mål kan nås gennem en indsats fra en lang række forskellige professionelle kulturarbejdere i snævert samvirke med offentligheden og interesserede amatører".

Kulturarven er ikke mindst nærmere bestemt som "karakteristiske bygninger og anlæg fra hver generation", samt genstande, der har omgivet befolkningen i det daglige. Desuden omfatter begrebet her bøger, breve, film mm., der bærer vidnesbyrd om historien.

Udvalget af kulturarvens genstande kræver forskerens viden, (hans/hendes) historieteori og -fortolkning, der tillægges (en vis) objektivitet: "Kun gennem en dybtgående forståelse for vores samfunds udvikling og samtidig for hvorledes historie kan fortælles, kan de rette ting blive udvalgt og derved bevaret".

Generelt lægger partiets kulturpolitik vægt på (udvikling af): frihed, lighed, broderskab samt dannelse, tilgængelighed, mangfoldighed, medborgerskab og kvalitet (et udslag af dette kvalitetsønske kunne være "kunst for kunstens skyld", der giver "ny erkendelse og viden").[xlvii]

Kulturen kan ifølge kulturarvs-oplægget forekomme som den fremherskende tendens at være fælles gods for dette lands indbyggere gennem tiderne; i hvert fald bæres kulturen af tilsyneladende entydige 'generationer', der ifølge den ene eller den anden mere eller måske mindre modsætningsfyldte logik trods alt so oder so gensidigt hænger forsonligt sammen i et diakront perspektiv.

Imidlertid bryder en del af kulturen i form af (avantgarde)kunsten, der ikke behandles i kulturarvs-oplægget, i hvert fald delvis eller på en måde med det fælles: "Kunst er ikke kun det fælles, men også det bevidst urepræsentative og bruddet med en etableret fælles forståelse. Det enestående. Det unikke udtryk, der bryder grænser. Avantgarde, provokation og eksperiment. Det vanskelige. Nye vinkler. Det at stille nye spørgsmål. Det visionære".[xlviii]

e. Alternativets *partiprogram*[xlix]

Ordet kulturarv er ikke nævnt i partiprogrammet, der er fra 2016.

Imidlertid nævnes i underafsnittet *Kunst og kultur* bl.a. "historisk hukommelse" som en grundlæggende "byggesten" til det, som i programmet kaldes "vores fælles kulturelle identitet": "Selvindsigt, intellektuelt udsyn og *historisk hukommelse* er grundlæggende byggesten til det, vi noget uklart definerer som vores fælles kulturelle identitet. Det kulturelle ståsted hvorfra vi møder verden i al dens komplekse kulturelle mangfoldighed" (min kursiv).

Hvori denne kulturelle identitet består, fortæller programmet i det mindste ikke i eksplicitte vendinger. Imidlertid nævnes "bæredygtighed" som et nu- og fremtidigt mål for samfundets udvikling, som kulturen og kunsten kan hjælpe frem: "Ikke mindst drømmer vi om, at et samfunds rigdom ikke defineres af materiel og økonomisk vækst, men i langt højere grad af kulturel, intellektuel og personlig vækst. Det er ikke mindst gennem kulturen og kunsten, at vi kan få modet og inspirationen til at forestille os en radikal anden *bæredygtig* fremtid". Programmet må utvivlsomt også tydes sådan, at partiets generelle værdier kan fremmes også af kunst- og kulturlivet. Disse værdier er: "Mod, generøsitet, gennemsigtighed, ydmyghed, humor, empati".

Der er ingen tvivl om, at kunst og kultur – såvel den smallere som den mere populære uden hierarkisk forskel – har overordentlig høj prioritet for *Alternativets* hele politik: "For Alternativet er et mangfoldigt, levende kunst- og kulturliv helt afgørende for, at vi som enkeltindivider og samfund kan udvikle vores menneskelige selvindsigt, intellektuelle udsyn og historiske hukommelse".

Programmet synes bl.a. med sin betoning af kulturlivets (forhåbningsvise) fremme af en "radikalt anden bæredygtighed" at lægge en særlig vægt på samtidskunsten og -kulturen samt på skaberne, udøverne og formidlerne af disse.

Desuden lægges der særlig vægt på kulturel og kunstnerisk mangfoldighed: "Vi ønsker, at kulturpolitikken afspejler, at Danmark i dag rummer en mangfoldighed af sociale og kulturelle fællesskaber og virkeligheder. Denne kulturelle og sociale mangfoldighed skal kunne ses på de kunstneriske produktioner på vores teatre, i biografen, på museerne, på tv og radio, og det er vigtigt, at den kommer tydeligt til udtryk i kulturministeriets støtteordninger såvel som i de kunstneriske uddannelser".

f. Det Radikale Venstres *kulturpolitik*

Under overskriften *Det mener vi om kultur* (2014)[l] er kulturarven omtalt af partiet.

Det hedder således: "Bevarelse af *kulturarven* er vigtigt, for vi skal lære af historien. Men den må ikke hindre nytænkning. Historien skal inspirere udviklingen, så resultatet bliver det bedste for netop os", og endvidere: "Radikale Venstre arbejder for, at kulturen får gode betingelser. Derfor er vi tilhængere af statslig kulturstøtte. Bl.a. til moderne formidling af vores fælles *kulturarv* og støtte til dansksproget teater, litteratur, film og musik" (mine kursiver).

Ifølge partiet skal vi således lære af historien med henblik på (en bedre) fremtid. "Vi" betyder i konteksten i princippet alle verdens mennesker. Kulturarvens perspektiv eller brændpunkt er altså fremtiden. Det er således af vital betydning, at "fortiden ikke må kidnappe fremtiden".

Det påpeges endvidere i programmet, at dansk kultur, som partiet ønsker mangfoldig, er dynamisk og udvikler sig i samspil med omverdenen, hvad angår nye ideer og udtryksformer. Desuden bør dansk kultur tjene som inspiration ("Dansk kultur er dynamisk, og bør tjene som inspiration"). Det specificeres ikke, hvem den bør inspirere; men man må formode, at meningen er, at dansk kultur også har noget at kunne tilføre udlandet, lige såvel som det omvendte er tilfældet.

Programmet giver et kulturvenligt billede af partiet, der ønsker at give kulturen gode betingelser, bl.a. via statslige økonomiske midler (egenindtægter og privat støtte som fondsmidler og sponsorater omtales ikke). Eksplicit nævnes – som et eksempel – altså statsstøtte "til moderne formidling af vores fælles kulturarv".

Partiet ønsker desuden, at kulturinstitutionerne når mange mennesker, og at de, blandt andre, skal blive bedre til såvel intern (faglig) som ekstern erfarings- og videndeling: "De statsstøttede kulturinstitutioner har et ansvar for at nå bredt ud. Samtidig skal vi blive bedre til at dele vores erfaring og viden med hinanden – og med resten af verden". Denne hensigt må vel bl.a. få som konsekvens, at der bør formidles på mange eller flere niveauer – samtidig med, at ansvaret for kulturel erkendelse og vidensdeling ikke alene anses for kulturinstitutioners eller fagfolks, men alle menneskers.

g. Venstres *principprogram ("Fremtid i frihed og fællesskab")*

Kulturarvsbegrebet nævnes ikke i principprogrammet (2006).

Kultur behandles imidlertid i underafsnittet *Kultur giver fællesskab*[li].

Central i dette afsnit er følgende passus:

"Kultur er med til at forme det folkelige fællesskab. For stadig at udvikle såvel det enkelte menneskes som den nationale identitet er det nødvendigt at frembringe værker, som både provokerer til nytænkning og står som nationale symboler, der kan binde generationers historie sammen.

Alle skal have fuld frihed til at udtrykke sig gennem deres kunstværker. Den kunstneriske frihed er afgørende for at skabe betydelig, nyskabende og udfordrende kunst".

Det fremhæves, at kultur medvirker til at forme det "folkelige fællesskab". Frembringelsen af kunstværker må ifølge programmet tjene det dobbelte formål at udvikle såvel det enkelte menneskes som den nationale identitet. Til det formål anses værker, der både provokerer til nytænkning og står som nationale symboler, for at være nødvendige.

Det kan synes, som om disse tanker om og formål for kulturen ikke nødvendigvis er umiddelbart forenelige. Fx kan "nytænkende" værker ofte have en elitær karakter, som umiddelbart, men ikke nødvendigvis eller på længere sigt, kan være vanskeligt forenelig med det at forme et "*folkeligt* fællesskab".

Ordet kulturarv nævnes altså ikke i principprogrammet, men kunstværker tilskrives dog den sociale rolle at binde generationers historie sammen.

Programmet lægger særlig vægt på frembringelsen og udviklingen af kunstværker af den højeste kvalitet (som ifølge programmet kan fortjene offentlig støtte i henhold til 'armslængdeprincippet'), men tilkender dog også den mere folkelige deltagelse i kunst- og kulturlivet i bred forstand en ikke uvæsentlig betydning.

Private investeringer i kunst- og kulturinstitutioner samt privat sponsorering af kunstneriske frembringelser fremhæves ligeledes.

h. Liberal Alliances *arbejdsprogram*

Ordet kulturarv er nævnt ét sted i partiets arbejdsprogram fra 2016, nemlig i underafsnittet *Kulturpolitik. Et liberalt kultursyn*: "Kulturministeriet skal samarbejde med undervisningsministeriet ift. vedvarende at inddrage og levendegøre dansk *kulturarv* i undervisningen i grundskolen og på ungdomsuddannelserne" (min kursiv).[lii]

Kulturarven – herunder den kunstneriske – kan synes helt fundamentalt at udgøres af stof, der fra den danske histories daggry og frem essentielt set har fremmet demokrati og frihed: "Liberal kulturpolitik skal fremme værdier som demokrati og frihed". Kulturen sammenknytter således diakront fortid, nutid og fremtid og synkront generationer og sociale segmenter: "Kulturen er vores fundament og rødder, kulturen er det, der binder os sammen, og kulturen kan også udfordre os til udvikling og nytænkning", og: "Kultur er det, der binder samfundet sammen". Den udfordring og udvikling til nytænkning, der her er tale om, forekommer således at måtte foregå inden for den af kulturen allerede afstukne ramme.

"Udgangspunktet for en liberal kulturpolitik er først og fremmest civilsamfundet og det frie marked", da "det er usundt, når kulturlivet i for høj grad bliver afhængig af permanent støtte fra de offentlige kasser. Man får det, man betaler for, og når det primært er magthaverne, der betaler – også i bredden – så udebliver magtkritikken". Med baggrund heri ønsker partiet ikke at støtte kulturelle organisationer, institutioner mm., som kan klare sig selv økonomisk på markedsbetingelser. Derudover vil man økonomisk støtte den såkaldte elite – den 'smallere' såvel som den mere populære – samt vækstlaget i tilfælde, hvor behovet for offentlig støtte viser sig. I det hele taget kan offentlig støtte kun komme på tale, "hvor vigtige kulturtilbud ellers ville forsvinde".[liii]

Markedet, det private og personlige initiativ og engagement i forhold til kulturlivet, dets personer, frembringelser, organisationer og institutioner, spiller i det hele taget en meget stor og central rolle i partiets kulturpolitik.

Man kunne måske ønske sig, at begrebet og realiteten 'kulturkamp', som det blev lanceret og realiseret af borgerligt-liberale regeringspartier i 00'erne, blev drøftet i programmet, set i relation til tesen, at "kultur er det, der binder samfundet sammen".

i. Det Konservative Folkepartis *partiprogram ("Giv ansvaret tilbage til borgerne")*[liv]

Begrebet kulturarv eller tilsvarende nævnes i programmet fra 2012, mest eksplicit i denne kontekst: "Kulturpolitikkens formål er både at sikre bevarelsen af vores fælles kulturelle arv på landets museer og andre kulturelle institutioner, men også at understøtte skabelsen af nye kulturelle udtryk, som vi kan spejle os i, og som lader os forstå og tolke vores samtid".

Bevarelsen af den såkaldte "fælles kulturelle arv" på museer og andre institutioner spiller således en meget fremtrædende, men ikke eksklusiv, rolle i den konservative kulturpolitik, der ydermere fremhæves som et "konservativt kerneområde". Det idémæssige fundament for denne politik er ikke mindst det, at "Danmark er for os ikke bare et geografisk område, men rammen om et historisk og kulturelt funderet nationalt fællesskab". Kategorierne historie, nation og fællesskab er, foruden det danske sprog, centrale for partiets kulturpolitik, men uden at væsentlig indflydelse op igennem historien fra kulturelle strømninger og politiske ideer, fx frihedsrettighederne, med oprindelse i udlandet og især den vestlige civilisationskreds, frakendes betydning.

At kulturen og dens institutioner anses for noget fælles og samlende, udtrykkes flere steder i teksten, fx: "Kulturpolitik er (.) et konservativt kerneområde, og Konservative ønsker en stærk og aktiv kulturpolitik med udgangspunkt i de store *samlende* kulturinstitutioner i Danmark" og: "Kultur udgør et *fælles grundlag* i form af litteratur, kunst, teater, tv, musik, film, idræt med mere, der binder os sammen på trods af vores forskelligheder og individualitet", og endelig: "Opmærksomheden omkring umistelige og sublime udtryk for vores *fælles kultur*, som alle danskere bør kende til, sikrer vi blandt andet gennem officielle kanoner, der understreger vigtigheden af nogle kulturelle bidrag frem for andre" (mine kursiver).

Ifølge programmet er den danske kultur under et vist pres fra globaliseringen; derfor synes den at måtte vedligeholdes, støttes og styrkes, dersom psykisk hjemløshed, udsathed, utryghed og fremmedgjorthed ikke skal indfinde sig i stedet for den kulturelle identitet, som hævdes at udgøre "vores ståsted i verden": "Den danske kultur er en vigtig del af vores identitet og er vores ståsted i verden".

Man kunne bl.a. stille dels det spørgsmål til programmet, om kulturelt fællesskab partout er at foretrække for kulturel uforenelighed, ved hvilken de forskellige frembringelser og opfattelser selvsagt må være under fri diskussion, og dels det, om ikke kulturelle frembringelsers og forekomsters vigtighed snarere burde være genstand for diskussion frem for at sættes (eller ikke sættes) på en officiel kanon?

j. Dansk Folkepartis *principprogram*[lv]

Ordet kulturarv er første gang nævnt i underafsnittet *Danmarks selvstændighed* (uden år): "Vi er forpligtede af vor danske kulturarv og vort ansvar for hinanden som folk. Derfor vil vi styrke landets ydre og indre sikkerhed".

Begrebet har imidlertid også sit eget underafsnit, betitlet *Danmarks kulturarv*; i sin helhed lyder det således:

"Landet bygger på den danske kulturarv, og dansk kultur skal derfor bevares og styrkes.

Kulturen består af summen af det danske folks historie, erfaringer, tro, sprog og sædvaner. Beskyttelse og videreudvikling af denne kultur er en forudsætning for landets bestået som et frit og oplyst samfund.

Vi ønsker derfor en bred indsats for at styrke danskheden overalt. Uden for Danmarks grænser bør der gives økonomisk, politisk og moralsk støtte til danske mindretal".

Programmet taler ikke, som flere andre partiers programmer, om kulturen som fælles eller som i sig selv indeholdende og for samfundet tilvejebringende sammenhængskraft, men derimod om kulturen (herunder realiter kulturarven) som "*summen* af det danske folks historie (...)" (min kursiv). Dette vil sige hele det danske folks gøren og laden igennem i historien. Men på den anden side fremgår det, at dansk kultur er at anse for en enhed, idet den, med brug af et demonstrativt, altså enheds-understregende pronomen ("denne"), i teksten fremstilles i grammatisk ental, bestemt form, altså som: "(..) *denne* kultur (...)" (min kursiv).

Man kan desuden bemærke, at den institutionelle forvaltning af kulturarven ikke fremhæves; det er det danske folks egen forvaltning af sin kultur, der lægges vægt på, og denne egenforvaltning er det, at partiets kulturpolitik ønsker at fremme.

Kunstnerisk kulturarv er ikke omtalt i programmet.

k. Nye Borgerliges *medie- og kulturpolitik samt principprogram*[lvi]

Kulturarv nævnes på hjemmesiden *Medie- og kulturpolitik* (uden år): "Kulturarven skal forvaltes og bevares".

Af de spredte kulturpolitiske bemærkninger om kultur i principprogrammet (2015) fremgår det, at "kultur (.) binder os sammen som folk, knytter os til vores fortid og gør os ansvarlige for vores fremtid" og tilsvarende, at "vores stærke, kulturelle værdifællesskab er en bærende enhed i det danske samfund".

Det fremgår endvidere, at "vores frihed og vores værdier er ikke universelle. De er baseret på et kristent, demokratisk fundament, som danskere før os har kæmpet sig til".

Partiet ser desuden "et stigende behov for at værne om den kultur og de værdier, der giver danskerne frihed til selv at bestemme, hvordan vi vil indrette vores tilværelse".

l. Kristendemokraternes *kulturpolitik (i "Det mener KD)*[lvii]

Kulturarv nævnes i partiets kulturpolitiske programpunkt *Kulturen bygger bro* (uden år): "Den danske *kulturarv* må formidles videre til nye generationer. For at undgå at blive rodløse i en mangfoldig verden må vi være bevidste om vores egen kultur, identitet og værdier" (min kursiv).

Partiet ser store samfundsmæssige fordele ved (offentlig) satsning på kunst og kultur: "At satse på kultur og kunst er en investering i et mere værdifuldt samfund. Særlig vigtigt er det at fremme den kunst, der sjældent får lov at udfolde sig gennem kommercielle kanaler". Således anses kulturen og kunsten for at give indsigt og at styrke dialog og tolerance, og udfoldelse samt oplevelse af kultur menes endvidere at give forøget livskvalitet, foruden at den anses for at vidne om, at mennesker ikke kun har materielle behov.

Partiet vil "kæmpe imod en kulturpåvirkning, der undergraver menneskets værdi".

Programudtalelsen er uden tvivl kultur- og kunstvenlig foruden åben for det nye. Den synes dog tendentielt at forudsætte en enighed om, hvad "vores egen kultur, identitet og værdier" er, samt en forståelse af denne kultur mv. som en enhed.

m. Sammenfatning

Socialdemokratiet forbinder kultur generelt dels med indsigt i det danske demokrati og dets historie, dels med tilvejebringelsen af en fælles, dansk identitet som noget væsentligt, der giver samfundet sammenhængskraft. Selvværd og handlekraft menes også at være kvaliteter, som beskæftigelsen med kunst og kultur kan bibringe det enkelte menneske. Den lige adgang til kulturlivet (og dermed -arven) er væsentlig for partiet. Partiets principprogram nævner ikke ordet kulturarv.

Enhedslisten fremhæver (dansk) kulturs historiske og aktuelle mangfoldighed samt dets dertil svarende påvirkning udefra. Desuden afvises en entydig, ekskluderende bestemmelse af, hvad dansk kultur(arv) er via eksempelvis kanoner. Det fremhæves endelig, at dansk kulturliv generelt ønskes støttet af offentlige økonomiske midler, da man anser kulturlivet for presset af "internationale mainstream kulturudbud", for på den måde at sikre mangfoldigheden, der er central for partiet. Partiets her behandlede tekster indeholder ikke ordet kulturarv.

For *SF* er historie og dermed historien om den kulturelle arvs historie "fortællingen om forandring" og desuden om forskellighed i den enkelte kultur internt. Kun offentlig økonomisk støtte samt professionelle kulturarbejdere med "dybtgående forståelse for vores samfunds udvikling" i samarbejde med offentligheden og amatører kan sikre indsigten deri. Kulturarven anses ikke mindst for at bestå af "karakteristiske bygninger og anlæg fra hver generation", samt genstande, der har omgivet befolkningen i det daglige. Desuden omfatter begrebet her bøger, breve, film mm., der bærer vidnesbyrd om historien. Kulturen synes ifølge partiets kulturarvs-oplæg, når alt kommer til alt, at være fælles gods; kulturen bæres således af tilsyneladende ret entydige "generationer". Dog synes (moderne) kunst at være en undtagelse herfra: "Kunst er ikke kun det fælles, men også det bevidst urepræsentative og bruddet med en etableret fælles forståelse". SF's programmatiske hjemmeside *Kulturpolitik* indeholder et afsnit med titlen *Bevaring af kulturarven*, hvori denne behandles.

Alternativet nævner bl.a. "historisk hukommelse" som en grundlæggende "byggesten" til det, som i programmet kaldes "vores fælles kulturelle identitet". Kernen i eller, om man så må sige, formålet med denne identitet synes at være (en nu- og fremtidig) såkaldt bæredygtighed på alle felter. Programmet må også tydes sådan, at partiets generelle værdier kan fremmes også af kunst- og kulturlivet. Disse værdier er: "Mod, generøsitet, gennemsigtighed, ydmyghed, humor, empati". Desuden lægges der særlig vægt på kulturel og kunstnerisk mangfoldighed. Ordet kulturarv nævnes ikke i partiprogrammet.

Ifølge *Det Radikale Venstre* bør vi lære af historien med henblik på fremtiden: "Bevarelse af *kulturarven* (min kursiv) er vigtigt, for vi skal lære af historien. Men den må ikke hindre nytænkning. Historien skal inspirere udviklingen". Resultat af denne udvikling ønskes at blive det bedste for netop os, hedder det i programskriftet. Dansk kultur, siger partiet videre, er dynamisk og udvikler sig i samspil med omverdenen, og den ønskes mangfoldig. På partiets netside *Det mener vi om kulturen* behandles begrebet kulturarv kort.

Generelt kan for de ovennævnte partier bemærkes, at: de synes ikke nævneværdigt at skelne kvalitativt mellem såkaldt finkultur og populærkultur. Kulturens mangfoldighed og foranderlighed fremhæves ligeledes. Desuden bør kulturen i alle dens former som mulighed omfatte så mange

58

mennesker som overhovedet muligt ifølge disse partier. De her behandlede programmer må klart anses for kultur- og kunstvenlige og velvilligt indstillet ift. offentlig støtte.

For partiet *Venstre* har kulturen (som også må formodes at indbefatte kulturarven) den funktion at medvirke til at forme "det folkelige fællesskab". Den bør tjene udviklingen af såvel det enkelte menneskes som den nationale identitet. Kulturen bør til dette formål såvel provokere til nytænkning som tjene som nationalt symbol. Værker/kulturen skal binde generationers historie sammen. Særlig vægt lægges på frembringelsen af kunstværker af den højeste kvalitet (som ifølge programmet kan fortjene offentlig støtte i henhold til 'armslængdeprincippet'), men også den folkelige deltagelse i kulturlivet i bred forstand tilkendes betydning. Private investeringer i kulturlivet fremhæves ligeledes. Programmet synes især at tale om kunsten; men ordene om denne forekommer imidlertid i høj grad at kunne generaliseres til kulturen generelt. Ordet kulturarv nævnes ikke i partiprogrammet.

Liberal Alliance vil igennem sin kulturpolitik fremme demokrati og frihed, og man må uden tvivl forstå, at (den relevante) kulturarv udgøres af det, der peger frem imod disse "værdier" eller selv lader sig klassificere som demokratisk og frit. Kulturen i denne forstand binder epoker, generationer og sociale lag sammen og kan også udfordre til nytænkning. Markedet og det private initiativ spiller eksplicit en stor rolle i partiets kulturpolitik. Man vil primært støtte den såkaldt 'smalle' respektive den bredere kulturs elite. Offentlig støtte kan kun komme på tale, "hvor vigtige kulturtilbud ellers ville forsvinde". Begrebet kulturarv nævnes en gang i partiets arbejdsprogram.

For *Det Konservative Folkeparti* er kulturen og kulturarven, der ønskes varetaget af bl.a. museer og andre kulturelle institutioner, et samlende og fælles grundlag for borgerne i Danmark samt et kerneområde for partiet. Partiet er fortaler for kulturelle kanoner, da nogle kulturelle bidrag anses for vigtigere end andre. Det er centralt for partiet, at "Danmark er for os ikke bare et geografisk område, men rammen om et historisk og kulturelt funderet nationalt fællesskab". Partiet anerkender dog også fuldt ud indflydelse fra udlandet, således frihedsrettighederne, ligesom man også ønsker at understøtte nye, samtidige kulturelle udtryk. Der er en vis understregning af *dansk* kultur (smal såvel som bredere) hos partiet, da denne anses for at være under et vist pres fra globaliseringen, og altså fordi "den danske kultur er en vigtig del af vores identitet og er vores ståsted i verden". Ordet kulturarv nævnes i programmet.

Dansk Folkepartis principprogram taler ikke, som flere andre partiers programmer, om kulturen som fælles eller som tilvejebringende sammenhængskraft, men derimod om kulturen, der utvivlsomt anses for en enhed, som *"summen* af det danske folks historie (…)" (min kursiv), dvs. *al* det danske folks gøren og laden samt *alle* dets produkter og frembringelser igennem historien. Landet bygger udtrykkeligt på "den danske kulturarv, og dansk kultur skal derfor bevares og styrkes. Kulturen består af summen af det danske folks historie, erfaringer, tro, sprog og sædvaner. Beskyttelse og videreudvikling af denne kultur er en forudsætning for landets bestaan som et frit og oplyst samfund". Kulturarven har sit eget underafsnit i programmet.

Nye Borgerlige synes at ville plædere for og fremme et ret entydigt begreb om dansk kultur og kulturarv. Den danske kulturs såkaldte værdier kaldes således ikke universelle; de anses derimod for særegne for det danske folk. Disse værdier er især frihedsrettigheder, demokrati og kristendom. Ordet kulturarv nævnes på partiets hjemmeside *Medie- og kulturpolitik*

Kultur(arven) hævdes at modvirke rodløshed ifølge *Kristendemokraterne;* derfor må "den danske *kulturarv* formidles videre til nye generationer. For at undgå at blive rodløse i en mangfoldig verden må vi være bevidste om vores egen kultur, identitet og værdier" (min kursiv). Det kultur- og kunstvenlige program synes at forudsætte en dansk, kulturel enhed.

Flere af de sidst omtalte seks partier kan siges især at betone støtte til en vel nok smallere kunstnerisk og kulturel såkaldt elite, men også den folkelige deltagelse i kulturlivet understreges. Kulturens og kunstens betydning for "det folkelige fællesskab", som det formuleres i *Venstres* principprogram, fremhæves generelt af disse partier. Partierne som helhed synes i almindelighed, men dog med gradsforskelle, mere positive end centrum-venstre-partierne ift. markedets involvering i, privat investering i og privat støtte til kulturlivet.

Flere partier anser dansk kultur for presset eller udfordret i dag, men immervæk af ret forskellige kræfter; der er især tale om hhv. globaliseringen, internationale mainstream kulturudbud og indvandring. Ikke mindst på sådanne baggrunde ønsker en del partier i dag på forskellig vis at styrke dansk kulturliv, herunder kulturarvsarbejdet.

Alle partier på begge sider er programmatisk enige om kulturens anselige, måske endda overordentlige vigtighed for samfund, borger og/eller kunstens og åndslivets udvikling.

B. Kulturarvspolitiske kerne-begreber

a. Forbemærkning

I dette afsnit forsøges det at fremstille det væsentlige i de centrale begreber om kulturarven, der lader sig udlede af partiernes i *Kapitel 4 A* behandlede programtekster. Gennemgangen vil gå på tværs af de enkelte partiers fremstillinger og så at sige destillere disse ned til de fælles, substantielle begreber, men immervæk med skyldig hensyntagen til de særlige forskelle de enkelte partier imellem. Det må dog bemærkes, at begreberne, for så vidt som de tilskrives de enkelte partier, i princippet må forstås som mere eller mindre klare hovedtendenser og ikke nødvendigvis som helt entydige definitioner, der udelukker andre, evt. modsatrettede tendenser.

b. Kulturarv som befordrende for samfundsmæssig, statslig, national og/eller folkelig sammenhæng og identitet

Flertallet af partier ser en meget væsentlig rolle for kulturarven i det aktuelt at fremme sammenhængskraften eller identiteten i det danske samfund og hos dets borgere, ofte på baggrund af en antagelse af historisk og kulturel kontinuitet.

Imidlertid finder man hos partierne forskellige – men ikke altid uddybende og derfor desto vanskeligere at dechifrere – forståelser af, hvad kulturarven nærmere bestemt er og dermed fremmer eller bør fremme. Alle partier synes dog enige om, at kultur og kulturarv skal medvirke til at fremme demokrati og frihedsrettigheder samt indsigten heri.

For *Socialdemokratiet* forekommer kulturarven således primært at skulle give indsigt i demokratiet og dets historie og for *SF* noget tilsvarende (bl.a. frihed, lighed og broderskab), muligvis for sidstnævnte partis vedkommende i de her analyserede tekster altså med en lidt mere eksplicit social accent.

Alternativet betoner bæredygtighed.

Også for *Liberal Alliance*, *Venstre* og *Det Konservative Folkeparti* er demokrati og frihed centrale begreber.

Kristendemokraterne nævner ikke eksplicit kristendommen som del af det, partiet kalder "vores egen kultur, identitet og værdier", og som partiet ønsker bevidsthed om via kultur(arven); men det må antages, at partiet også regner kristendommen til samfundets identitetsskabende grundlag.

Derimod nævnes kristendommen ved siden af demokrati og frihedsrettigheder af *Nye Borgerlige* som en af de danske værdier, og disse er ifølge partiet ikke universelle, men partikulære, særegne for det danske folk.

Dansk Folkeparti anser kulturarven og kulturen (der utvivlsomt anses for en enhed) for summen af det danske folks historie, hvis beskyttelses- og videreudviklingsværdige kerne ser ud til at være det, partiet kalder et "frit og oplyst samfund".

c. Kulturarv som den historiske og aktuelle fortælling om mangfoldighed, forskellighed og forandring

Dette begreb om kulturarvens væsentlige mangfoldighed mv. findes især hos *Enhedslisten, Det Radikale Venstre (RV)* og, i det mindste delvis, hos *SF og Alternativet.*

Enhedslisten lægger vægt på påvirkningen udefra og afviser en entydig, ekskluderende bestemmelse af, hvad dansk kultur(arv) er via eksempelvis kanoner.

RV betoner desuden, at historien ikke må være en klods om benet på nytænkning og udvikling, men tværtimod skal være til inspiration for disse.

For *SF* synes ikke mindst kunsten at kunne befordre – og historisk at have befordret – nytænkning og forandring.

Der er ikke belæg for helt at frakende de øvrige partier lod og del i dette kulturarvsbegreb; hovedaccenten hos hine øvrige partier må imidlertid i varierende grad siges at ligge andetsteds, sådan som det i denne sammenhæng har ladet sig læse ud af de analyserede tekster.

En vis tvetydighed i henseende til de her behandlede begreber (i afsnittene b og c) spores som antydet hos – nok især – *SF* og *Alternativet.*

d. Varianter af b og c

De ovenfor behandlede to begreber (jf. afsnittene b og c) om kulturarv må anses for de væsentligste og af temmelig afgørende betydning for en kulturarvspolitik og -forvaltning. Men derudover lader disse begreber sig variere i henseende til ikke mindst de følgende temaer.

i. Kultur(arv) og kunst

Af de fleste partiprogrammer fremgår det, at man anser kunsten for en del af kulturlivet, som ikke besidder nogle fundamentalt afgørende, væsentlige forskelle ift. den øvrige kultur. Det skal dog bemærkes, at ikke mindst pga. de generelt kortfattede omtaler af kulturen i partiprogrammerne kan det ikke udelukkes, at partierne eller nogle af dem i en eventuelt uddybende, egen fremstilling ville differentiere tydeligere mellem disse begreber.

SF synes imidlertid at afvige fra denne opfattelse, idet kunsten øjensynlig menes at divergere fra det konventionelt gældende, det vedtagne, det fælles, som hvilket kulturen ellers tendentielt i høj grad eller for størstedelen kan forstås[lviii]: "Kunst er ikke kun det fælles, men også det bevidst urepræsentative og bruddet med en etableret fælles forståelse. Det enestående".

Hos partiet *Venstre* antydes noget lignende, idet man finder det "nødvendigt at frembringe værker, som (.) provokerer til nytænkning", dvs. værker, som går på tværs af den fremherskende kultur i en eller anden forstand – uagtet eller på trods af, at de samtidig ifølge partiet skal "stå som nationale symboler".

ii. Kulturarvsfeltets afgrænsning i øvrigt

Det skal først og fremmest bemærkes, at ikke alle partier nævner ordet kulturarv; således er det ikke på forhånd udelukket, at et eller flere af disse partier ikke anerkender begrebets gyldighed, fx fordi man ikke eller kun i ringe grad anerkender fortidens betydning for nutiden, eller fordi den enkeltes eget valg fra forskellige kulturers 'tilbud' betragtes som mere afgørende end arven fra ens egne, tidligere slægtled. Imidlertid er det en forudsætning, som jeg finder plausibel, for denne undersøgelse, at alle partier opererer med et om så nok så forskelligartet begreb om kulturarv, eksplicit eller implicit.

En fremherskende opfattelse hos flere partier på begge sider ser ud til at være den, at kulturarven omfatter enten (sporene af) alt eller størstedelen af det af mennesker frembragte eller udførte; det vil sige, foruden alt kunstarterne (litteratur, musik, billedkunst mv.) vedrørende, viden (også filosofisk) om historien, herunder samtidshistorien, i videste forstand og desuden især det *fælles* fritidsliv (fx udøvelse af sport samt foreningsliv) i øvrigt. Der anes blandt disse partier en vis modsætning mellem kultur og kulturarv på den ene side og det aktuelle arbejds-, økonomiske og politiske liv på den anden, for så vidt dette ikke er gjort til genstand for en kulturelt relevant refleksion (fx samtidshistorisk, sociologisk, filosofisk eller idéhistorisk).

Alternativet, som forekommer at være temmelig enig i denne kulturarvsforståelse, angiver desuden "selvindsigt" og "intellektuelt udsyn" som kulturelle kvaliteter, der er afgrænsende ift. det, der ikke fortrinsvis befordrer disse kvaliteter, hvilket angives at være "materiel og økonomisk vækst".

Enhedslisten synes ikke at operere med den ovennævnte afgrænsning af kultur og kulturarv ift. politisk og økonomisk liv.

Det Konservative Folkeparti lægger særlig, men ikke eksklusiv, vægt på den nationale kultur, en opfattelse, som *Kristendemokraterne* også synes at befinde sig tæt på. Denne betones i højere grad af hhv. *DF* og *Nye Borgerlige* uden eksplicit begrænsning ift. det aktuelle arbejdsliv mv.

Kultur og kulturarv synes for *Liberal Alliance* at være alt det, som har fremmet og fremmer demokrati og frihed uden de nævnte begrænsninger ift. arbejdsliv mv.

De partier, hovedsageligt borgerligt-liberale, som betoner den historiske og aktuelle sammenhæng i kulturen, kunne hævdes at se bort fra det ikke sammenhængende eller ikke fælles i kulturen. Dette modsiges dog tilsyneladende af *DF*, når partiet taler om kulturen som "*summen* af det danske folks historie (...)" (min kursiv).

Det skal endelig bemærkes, at det er svært på baggrund af teksterne at afdække, i hvilken grad eller om overhovedet partierne opererer med noget uskønt, meget kritisabelt, forkasteligt eller i det hele taget noget negativt (som fx slaveriet i Vestindien eller betonbyggeri i 60'erne) som del af kulturarven, altså, om man så må sige, opererer med en 'kulturgæld'. Den overvejende tendens er dog uden tvivl, at begrebet, altså også i de behandlede tekster, har positive konnotationer.

iii. Elite og bredde

Der fremtræder almindelig enighed mellem partierne om, at der bør være (relativt let) adgang for alle borgere til såvel den fortidige kulturelle arv som kulturens samtidige frembringelser.

Den politisk-økonomiske prioritering af kulturens produkter, 'skabere', udøvere og institutioner er dog lidt forskellig.

Centrum-venstre-partierne synes, med en vis mindre, indbyrdes variation, generelt at ønske at støtte kulturen på alle fronter, således kunstneres uddannelse og arbejdsproces, den kunstneriske og kulturelle formidling mv. (fx på museer og teatre) samt de 'almindelige' borgeres egen kulturelle udfoldelse. Man skelner ikke eksplicit imellem elitær eller 'finkultur' på den ene side og folkelig eller populær kultur på den anden (men man vil utvivlsomt skelne imellem kommerciel, populær kultur på den ene side og mere autentisk folkelig kultur på den anden, hvor svær denne differentiering end måtte være at gennemføre).

Hos *Venstre, Liberal Alliance, Det Konservative Folkeparti* samt *Kristendemokraterne (KD)* findes en relativt højere prioritering af en 'elites' frembringelser, for så vidt som disse ikke kan hvile økonomisk i sig selv. Der skelnes heller ikke her eksplicit mellem såkaldt fin- og populærkultur; man synes derimod at antage eliter inden for begge. Ikke desto mindre peger noget i retning af fortrinsvis støtte til 'finkulturen', fx når det hos *Venstre* hedder, at: "Det er nødvendigt at frembringe værker, som (.) provokerer til nytænkning", idet kvalificeret nytænkning inden for det kulturelle felt utvivlsomt ikke sjældent er forbundet med sværere tilgængelige, kunstneriske frembringelser.

DF og *Nye Borgerlige* ønsker at støtte en særlig dansk kultur, der må antages at være almen for hele den danske befolkning, og altså primært en so oder so traditionalistisk folkelig eller breddekultur, der dog ikke nødvendigvis udelukker, hvad man kunne forstå som særligt dansk, 'seriøs' kultur, fx værker af digteren Kaj Munk (1898-1944).

iv. Menneskers personlige og relationelle egenskaber

Flere partier er af den opfattelse, at kultur(arv) fremmer visse egenskaber hos det enkelte menneske. Dette udtrykkes nok mest eksplicit hos de nedenfor nævnte partier.

Socialdemokratiet nævner, foruden fælles identitet: dannelse, indsigt, selvværd og handlekraft.

Alternativet ser kulturlivet som fordelagtigt for udviklingen af egenskaber som mod, generøsitet, ydmyghed, humor og empati.

De Radikale ønsker at fremme (evnen til) nytænkning.

Venstre ønsker udvikling af den personlige identitet, hvilken partiet ser som sammenhængende med national identitet.

Det Konservative Folkeparti vil igennem kulturlivet øge den historiske, nationale og sproglige bevidsthed. Med denne politik ønsker partiet omvendt at modvirke psykisk hjemløshed, udsathed, utryghed og fremmedgjorthed.

SF er i sin kulturpolitik fortaler for menneskers frihed, lighed, broderskab og dannelse.

C. Kulturarvsbegrebernes 'metafysiske' fundament

a. Generelt

Som det er fremstillet ovenfor, finder man i partiprogrammerne to om ikke modsatrettede, så dog ikke fuldt ud forenelige kulturarvskonceptioner, nemlig på den ene side en, der finder sit grundlag i en *dansk identitet*, og på den anden side en konception, der ser den aktuelle og historiske danske kultur som *mangfoldig* fundamentalt betragtet.[lix]

Det skal dog understreges, at vi på basis af de analyserede tekster ikke har tilstrækkeligt grundlag for at tilskrive noget parti en helt entydig tilslutning til den ene eller den anden konception. Ikke desto mindre synes der generelt i ikke ringe grad at være tale om en tydelig tendens i retning af det ene eller det andet begreb for hvert enkelt partis vedkommende.

Der er altså tale om en tendentielt dikotomisk opfattelse af kulturarvsbegrebet blandt de danske politiske partier: en, der ser identitet som det konstitutive i dansk kultur på den ene side uden nødvendigvis at udelukke udefrakommende indflydelse, og på den anden side en, der ser forandring, mangfoldighed, forskel og international orientering som fortrinsvis grundlæggende.

I den forbindelse kan det bemærkes, at deciderede kulturelle og sociale modsætningsforhold på givne historiske tidspunkter eller ligefrem som historisk lovmæssighed (fx i form af en marxistisk klassekampsforståelse) ikke kan siges at indtage nogen meget fremtrædende plads hos noget af de partier, som tilslutter sig mangfoldighedskonceptionen. Dog findes der få antydninger af et aktuelt, kulturelt modsætningsforhold, fx som her hos *Enhedslisten*: "Der er (.) en risiko for, at det danske kulturliv presses af internationale mainstream kulturudbud". Men derudover kan der naturligvis siges iboende at ligge et modsætningsforhold til identitetsopfattelsen og til emfatisk, eksklusiv, identitetssøgende, vel især danskhedsbetonende kultur i selve mangfoldighedskonceptionen – og i øvrigt vice versa.

b. Identitet

Den opfattelse hos nogle partier, at dansk kultur og kulturarv grundlæggende er identisk beskaffen, kan siges ikke så meget at være af deskriptiv som af normativ karakter, idet man søger mere eller mindre bestemte formål fremmet af kulturen og kulturarven. Partierne er dog ikke enige om, hvad indholdet i den angiveligt identiske danske kultur nærmere kan bestemmes som. Gennemgående hos disse partier er imidlertid ønsket om at fremme demokrati og frihed eller tilsvarende samt indsigt heri; men heller ikke angående disse begrebers indhold kan der i henhold til de analyserede tekster uden videre antages enighed partierne imellem.

Det kan med rimelighed antages, at de fleste 'identitets-partier' i denne afhandlings forstand i dag har et grundlæggende universelt begreb om demokrati og frihed, som altså ikke blot gyldige for den danske kulturelle stræben, men ligeledes i princippet som normativt gyldige for den øvrige verdens kulturelle bestemmelser og desuden mulige at leve op til for ethvert enkelt menneske. Kun partiet *Nye Borgerlige* taler eksplicit om en særlig dansk, historisk og aktuel, ikke universel kultur. Dermed er der hos dette parti tale om en form for kulturrelativisme; nemlig den, at ethvert folk eller enhver nation har sin særegne kultur, som inden for den pågældende nations territorium er principielt uantastelig for og kompromisløs og ikke forandringsvillig i forhold til enhver eventuel kritik på baggrund af andre, divergerende kulturers opfattelser.

Identitets-opfattelsen og -normen hos danske politiske partier i forhold til den danske kultur kan lidt forenklet sammenfattes sådan, at det danske folk, dets sprog, historie og kultur ses som en grundlæggende sammenhængende enhed og helhed, der har og potentielt, dvs. som sin nærmest essentielt iboende, men vel ikke nødvendigvis altid realiserede mulighed, altid har haft sit demokrati og sine frihedsrettigheder som formål, mål og – i dag – som sin hævdede aktualitet. Dette bør kulturen og kulturarvens udtryk og formidling i dag vise og på den måde fremme, ifølge denne opfattelse. Relativt mest emfatisk repræsenteres opfattelsen utvivlsomt af partier, der i dag ofte kaldes og ofte forstår sig selv som borgerligt-liberale.

c. Differens og diversitet

På tilsvarende vis som de kulturelt identitetssøgende partiers opfattelse er normativ, er dette også tilfældet for de partier, der understreger forskel og mangfoldighed foruden inspiration fra udlandet som kulturens væsentligste egenskaber, idet den skal eller anses for at tjene bestemte (samfundsmæssige og/eller individuelle) formål. En eksplicit undtagelse herfra kan det dog hævdes at være, når *SF* betoner "kunsten for kunstens skyld".

Denne konception kan måske i sin kerne siges i højere grad at være kritisk end identitets-konceptionen – dette på trods af, at fx den såkaldte værdikamp i 00'erne blev indledt af politiske tilhængere af denne konception, især som led i en kritik af det, man kaldte for kulturradikalismen –, dels idet den har historiske aner i oplysningstidens kritik af statiske, nationale samfund og disses tilsyneladende urokkelige autoriteter, og dels for så vidt som den aktuelt i høj grad forholder sig kontrært og antitetisk til en ikke sjældent mere eller mindre konservativt (i ikke-partipolitisk forstand) tonet identitetstanke og betoner kulturens mangfoldighed og dens på kritik baserede foranderlighed. Fx hedder det hos *Enhedslisten* kritisk imod identitets-konceptionen og ikke mindst imod, som partiet ser på sagen, den "'dem-og-os'-retorik", der ligger heri: "Der findes ikke kun én ægte dansk kultur (.), Danmark har altid været begavet med en mangfoldighed af kulturelle tendenser, og der vil altid være et kulturelt samspil mellem Danmark og verden omkring os – heldigvis".

Denne konception må altså siges i særdeles høj grad at betone forskel, mangfoldighed, forandring og udvikling i dansk kultur historisk og aktuelt og dermed i kulturarven. Ikke helt uden rimelighed kunne det nok hævdes, at den generelle emfase af mangfoldigheden i dansk kultur overhovedet ligner en projektion af tanken om et flerkulturelt samfund tilbage til den tidligste historie, en projektion, der derpå atter derfra kommer retur i en tankebevægelse frem til i dag.

Opfattelsen kan også synes at have en hovedvægt på det kvantitative, altså i sin konsekvens på så mange forskellige kulturer som muligt, uden at tage primært hensyn til de pågældende kulturers kvalitet.

Spørgsmålet, om de partier, der hylder mangfoldighed mv., også hylder en art kulturrelativisme – der vel at mærke ikke er identisk med den 'neonationalromantiske', som man finder hos *Nye Borgerlige* –, kan dårligt besvares entydigt. På den ene side sættes der ikke i de behandlede tekster eksplicitte skel mellem de mangfoldige kulturer, disse er så at sige alle lige gode eller lige valide, uanset hvor i verden de dyrkes eller udfoldes, og på den måde er der rigtignok tale om en kulturrelativisme. Men på den anden side er alle partier tilhængere af demokrati, frihedsrettigheder og uden tvivl også af kunstens frihed fra den ene eller den anden form for instrumentalisering eller styring udefra samt tilhængere af, at kulturen og kulturarven primært skal ses i den optik.

Dansk kulturarv ses altså kort sagt ifølge dette synspunkt som udtryk for en kultur, der primært anses for mangfoldig samt i forandring og stadig udvikling, skønt et vist mål af 'enhedskultur' også antydes; hos *Alternativet* taler man således om det "vi noget uklart definerer som vores fælles kulturelle identitet".

Man kan sikkert sige, at partierne, der fortrinsvis hylder denne opfattelse, ønsker kulturarven *formidlet* som udtryk for kulturens historiske og aktuelle mangfoldighed og for dens understregede, ikke enhedslige og ikke eksklusive karakter, samtidig med at man ønsker, at det aktuelle perspektiv på historien er demokratisk og rettighedsorienteret. Dette sidste næppe sådan at forstå, at man udelukkende ønsker at se direkte og utvetydigt demokratiske handlinger eller institutioner formidlet af eksempelvis museer, men derimod snarere sådan, at fremstillinger af fx *Anden Verdenskrigs* forbrydelser finder sted på basis af en demokratisk relevant og rettighedsrelevant, kritisk optik.

Opfattelsen repræsenteres fortrinsvis, men ikke udelukkende, af partier, der ofte kaldes, og som ofte forstår sig selv som, 'centrum-venstre'-partier.

KAPITEL 6

Foreløbigt forsøg på afklaring

a. Forbemærkning

Kapitlerne 2-5, som dette afklaringsforsøg især bygger på, er af forskellig karakter.

FN-teksterne i *Kapitel 2* er (i denne sammenhæng) at forstå som verdenssamfundets politisk-administrative hensigtserklæringer, især, men ikke kun, om verdenskulturarv.

De danske lov- og ministerielle tekster i *Kapitel 3* har dels juridisk gyldighed, dels er de af oplysende karakter, men på juridisk gyldigt grundlag.

De leksikalske tekster i *Kapitel 4* turde i princippet befinde sig på såkaldt alment anerkendt videnskabelig grund – også nogles, som fx *Wikipedia*-artiklernes, mindre autoriserede status taget i betragtning – og er omvendt i mindre grad at betragte som selvstændige forskningsbidrag. Et spørgsmål rejser sig dog imidlertid i den forbindelse: hvilken videnskab eller analytisk disciplin henholder man sig til: juraen (og i givet fald den internationale og/eller den nationale), historievidenskaben, sociologien, sprogvidenskaben, filosofien eller en helt sjette? Så vidt det kan skønnes, står de anvendte tekster fortrinsvis i rapport til de juridiske eller politisk-administrative tekster, men er dog utvivlsomt samtidig videnskabeligt informerede fra forskellige discipliner.

De politiske programtekster *(Kapitel 5)* er udtryk for mere eller mindre ideologisk farvede parti-holdninger; men såvel gældende lov som videnskabelige indsigter gør sig dog også i varierende grad gældende i teksterne.

Den sammenhæng, der imidlertid måtte være mellem disse kapitler, kan siges at være den, at *FN*-teksterne utvivlsomt er de historisk set mest vægtige, tekstmæssige udgangs- og/eller referencepunkter for ideen/ideerne om og overvejelserne over kulturarv, mens de her gengivne danske lovbestemmelser og administrationen heraf står i en vis ikke ubetydelig rapport hertil, og det samme må teksterne i de to øvrige kapitler siges at gøre. Men mens de analyserede tekster i *Kapitel 2* og *3* så at sige tilstræber retslig objektivitet (på basis af demokratiske, parlamentariske beslutninger), tilstræber *Kapitel 4's* tekster i hovedsagen den ene eller anden form for metavidenskabelig objektivitet, og teksterne i *Kapitel*

5 er i princippet baseret på (inter)subjektive partivedtagelser.

Næppe nogen af kapitlernes tekster kan dog, trods objektivitetsbestræbelser, med rette hævdes at være ideologifri.

Når det trods teksternes forskellige karakter alligevel svarer sig at behandle dem samlet i denne afhandlings sammenhæng, er det af heuristiske grunde. Teksternes korte, koncise, oversigtsagtige, indholdsmættede form, der, ganske vist ud fra forskellige forudsætninger, hver især tilstræber en kompakt sammenfatning af begrebet på basis af den meste tilgængelige ('objektive') viden og/eller ditto (mere subjektive) overvejelser, leverer nemlig et rimelig overskueligt dokument-grundlag for en første kritisk tilnærmelse til et svar på spørgsmålet om begrebet kulturarvs konstitution, således som en sådan tilnærmelse er intentionen i dette kapitel.

Det begreb, som her forsøges konciperet og formuleret, er et især videnskabeligt informeret, filosofisk begreb, der antages at have en dialektisk, hvilket her vil sige en både 'metafysisk' og historisk, karakter, i hvilken variabiliteten kort sagt har primat, men ikke eneret.

b. Om begrebet kulturarv – en skitse

Begrebet kulturarv er uden tvivl en politisk, ideologisk og økonomisk slagmark.[ix] Vi vil her nøjes med at referere et par i denne afhandlings sammenhæng mere centrale stridspunkter.

For det første har visse aspekter af kulturbegrebet været omtvistede: er kultur således såkaldt finkultur, eller er den i højere grad end eller på lige fod med 'finkultur' at forstå som sådan noget som folkelig kultur, massekultur eller breddekultur? I dag er disse diskussioner rigtignok stilnet noget af, idet det mere gængse begreb om kultur nu omfatter såvel 'fin-' som populær- og folkelig kultur. De kulturpolitiske diskussioner i denne henseende går i dag ikke så meget på selve kulturbegrebet, som man i store træk synes enige om, men mere på, hvad der er mest støtteværdigt og/eller -krævende: elite (så vel inden for 'finkulturen' som den folkelige kultur) eller bredde?

For det andet, og i dag uden tvivl mere kontroversielt, er spørgsmålet om, hvad en befolknings eller for den sags skyld et enkelt menneskes kulturarv måtte bestå i; ikke mindst kontroversielt er spørgsmålet om, hvordan den afgrænses etnisk og geografisk, hvis den da overhovedet afgrænses? Groft sagt vil det nationalt orienterede standpunkt i princippet betone den nationale kulturarv, mens det mere internationalt orienterede i højere grad vil vægte den universelle arv. Ingen synes dog i dag helt at benægte hverken den påvirkning, de enkelte lande modtager udefra, eller den såkaldte verdensarvs betydning for hele menneskeheden.

På trods af den ikke ubetydelige politisering af begrebet, vil vi imidlertid i dette kapitel på grundlag af de foregående kapitlers analyser søge at opstille en første, selvstændig, men meget foreløbig, bestemmelse af kulturarvsbegrebet i form af de følgende teser:

Kulturarven omfatter for en første betragtning alle (materielle og immaterielle) spor af menneskelig virksomhed.

Kulturarven lader sig således ikke afgrænse tidsmæssigt til fortiden, men omfatter også en samtidskulturarv.

Kulturarven lader sig heller ikke afgrænse kvantitativt til at vedrøre en hel nation eller en gruppe af en vis anselig mindstestørrelse, men kan strengt taget relatere sig til en enkelt person eller nogle få (det kunne fx gælde avantgardekunst).

Den lader sig desuden ikke strengt afgrænse etnisk eller geografisk; således indgår enhver nations/ethvert lands kulturelle arv principielt i og i forbindelse med menneskehedens (øvrige) samlede kulturarv, inden for hvilken noget imidlertid er mere bundet til særlige individuelle, lokale eller nationale forhold end andet. Det må dog pointeres, at denne skelnen mellem det individuelle, det lokale, det nationale og det globale ikke er absolut; der kan således være tale om flydende overgange imellem dem, ligesom det, der på et tidspunkt eller i et vist perspektiv fx anses for først og fremmest nationalt, på et andet tidspunkt eller i et andet perspektiv snarere anses for lokalt og vice versa.

Perspektivet på et givet, kulturelt emnes (det være sig enkelttings, enkeltsagers eller en helheds) bevaringsværdighed varierer historisk og er i det hele taget variabelt, dynamisk og ikke statisk.

Formålet med den kulturhistoriske kulturarv, som den fx forvaltes af de kulturhistoriske museer i Danmark, er delvis forskelligt fra den kunsthistoriske kulturarvs, sådan som denne fx forvaltes af de kunsthistoriske museer; den første har til hensigt at give, forøge og forbedre indsigt i og overblik over historien, og dens genstande og emner udvælges således ikke nødvendigvis efter håndværksmæssig eller anden udførelsesmæssigt, teknisk høj kvalitet, men efter sin udsagnskraft i den konkrete, historiske, aktuelt relevante sammenhæng. Den kunstneriske kulturarv er derimod karakteriseret ved høj, kunstnerisk kvalitet – der principielt dog også er historisk og i andet perspektiv variabel – og har som formål at videregive oplevelse og i sidste ende at give erkendelse af kunstnerisk og æstetisk kvalitet. Disse institutionelle formål kan med rimelighed tjene som almene, men ikke bindende rettesnore for offentligheden generelt.

Ordet kulturarv er grundlæggende positivt ladet, ledende og så at sige med en iboende hensigt om en opdragende virkning; det taler om et positivt indhold, som en person, en familie, en gruppe eller en generation giver videre til næste slægtled til dennes forhåbningsvise gavn og glæde. Som en følge heraf kan det ikke udelukkes, at en anden betegnelse vil kunne være mere dækkende for den kulturelle overlevering![lxi]

Kulturarv giver i bedste fald eller ideelt set kulturel indsigt igennem den eftertanke, som den måtte give anledning til. Det lader sig derimod næppe afgøre en gang for alle, om den giver eller betyder kulturel identitet, kulturel foranderlighed eller kulturelt brud. En blandt flere muligheder er, at den resulterer i alle tre momenter på en gang! Indsigt i arven fra enevælden førte således en hel del danske til at støtte demokrati og grundlov, altså til brud med enevælden og så at sige til identifikation med demokrati. Og spørgsmålet er, om det demokratiske ideelt set ikke også betyder en vis personlig forandringsparathed og åbenhed for det nye og ikke kun identifikation med en bestemt national eller anden (med sig selv identisk) kultur. (Selv mht. den givetvis i denne sammenhæng meget væsentlige sproglige kulturelle identitet findes der jo historiske eksempler på, at visse i øvrigt dansktalende grupper, stande eller klasser i det danske samfund ikke bare har villet identificere sig med det danske sprog, men i hvert fald i visse henseender tværtimod har foretrukket latin, fransk eller tysk – og på det senere findes der ikke mindst på højere læreanstalter en vis præference for engelsk).

Kulturarvs praktiske nytteværdi er mulig, men principielt tilfældig. Dens raison d'être eller dens væsentlige bestemmelse, er en rent teoretisk, men aktuelt relevant indsigt i historien – også åndshistorien og den intellektuelle historie – og kunsten.

Når det drejer sig om kulturarvens formål i henseende til individuel dannelse på den ene side og kulturel identitet på den anden, må primat indehaves af den første.

c. Hvad betyder ordet *kultur* i forbindelse med kulturarv?

Det kulturbegreb, som indgår i den ovenfor fremstillede foreløbige bestemmelse af begrebet kulturarv i denne afhandling, indeholder de centrale komponenter, som fremstilles i det følgende.

En første og ret traditionel definitorisk bestemmelse af kultur er den, at *kultur står i modsætning til natur.* (Endog i 1800-tallets filosofiske og kunstneriske romantik, der opfattede kultur og natur som en enhed eller ligefrem som en identitet, var modsætningen ikke til at komme uden om, idet der immervæk var tale om en trininddeling som i dette berømte citat af den tyske filosof FWJ. Schelling om ånden, der „slumrer i stenen, drømmer i planten, vågner i dyret og kommer til bevidsthed i mennesket"[lxii]). Denne modsætning kan forstås strengt dualistisk med et skarpt skel imellem på den ene side kultur forstået som (ren) ånd (ofte i form af kunst og eventuelt filosofi) og naturen og materien på den anden side som det helt modsatte af ånd. Men i denne afhandlings sammenhæng er kultur derimod at forstå som bearbejdet natur eller bearbejdelse af natur, som (resultat af) menneskers livtag med natur, dvs., at *kultur er en slags omsat eller omformet natur, der vel at mærke også kan være af immateriel, idémæssig karakter.* Forholdet mellem kultur og natur er her forstået som dialektisk; dvs., at kultur og natur ikke kan reduceres til hinanden, men på den anden side er de gensidigt involveret i og påvirket af hinanden, altså uden at kultur ved sine 'repræsentanter', menneskene, ensidigt som den ene pol kan kaldes subjekt og naturen som den anden pol ensidigt objekt.

En fra denne væsensforskellig forståelse af natur/kultur-relationen, der dog må siges altovervejende at have udspillet sin historiske rolle i lyset af de racistiske forbrydelser under *Anden Verdenskrig*, skal for fuldstændighedens skyld nævnes i denne sammenhæng. Det drejer sig om den opfattelse, at kultur er uadskilleligt forbundet med natur på den måde at forstå, at et til en bestemt jord bundet folks eller nations biologiske arv uvægerligt vil vise sig restløst i dette folks, eventuelt internt som eksternt hierarkisk rangerede, kultur. Opfattelsen kan findes i idéhistorien også i modificerede former i retning af knap så stor læggen vægt på den biologiske determinisme.[lxiii]

En anden modsætning af mindst lige så central betydning som den mellem kultur og natur er *modsætningen mellem kultur og barbari.* Kultur er ikke barbari, i det mindste som tendens eller intention. Den rene dyrkelse af krig, vold, undertrykkelse, hårdhed, den stærkeres ret, den svageres udryddelse og dyrkelsen af 'os-imod-dem' lader sig kun dårligt karakterisere som kultur og kan derfor kun dårligt *umiddelbart* indgå i kulturarven.[lxiv] Denne 'kulturgæld', altså de barbariske dele af eller momenter i en given historisk overlevering, kan imidlertid godt indgå i kulturarven, men da udelukkende som genstand for kritisk refleksion, der har til hensigt at gøre op med den uret, der ligger i det givne stof. Mao.: *'kulturgælden' skal søges omformet til genuin kulturarv.*

Især i tysk sociologi, filosofi og politik i første halvdel af 1900-tallet gjorde en distinktion mellem kultur og civilisation sig stærkt gældende, fx hos Thomas Mann (1875-1955) og Oswald Spengler (1880-1936). Ifølge denne distinktion eller modsætning skulle kultur være betegnelse for det organiske, traditionelle, naturligt sammenhørende (eller fra 'civilisationssiden' betragtet: autoritære), nationale fællesskab ('Gemeinschaft'), mens civilisation skulle være betegnelsen for det moderne, kontraktbaserede, fornufts- og menneskeretsbaserede samfund ('Gesellschaft') bestående af frie (eller fra 'kultursiden' betragtet: atomiserede) enkeltindivider. Denne distinktion er ikke operativ i nærværende afhandling, hvor *kultur og civilisation betragtes som synonymer, for så vidt som begge står i en vis modsætning til barbari.*[lxv]

Det skal endelig bemærkes, at kultur ofte ses som modsætning til økonomiske, sociale og produktionstekniske strukturer, som eksempelvis i en historisk materialistisk basis/overbygningsteori, i hvilken de sidstnævnte kaldes bestemmende i sidste instans, og i hvilken kulturen så bestemmes som noget afledt og sekundært. For den her foreliggende afhandling er der imidlertid ikke noget skel imellem kultur og basale samfundsstrukturer, idet begge dele betragtes som kulturelle formationer, og desuden tages der ikke stilling til, hvad der eventuelt måtte være bestemmende, og hvad der måtte være bestemt, fx i forholdet mellem økonomiske faktorer og bevidsthedsmæssige ditto. Generelt kan det dog siges, at forholdet eller rettere de konkrete, enkelte forhold ikke forekommer altid at være entydige.

d. Skematisk oversigt over centrale 'kulturarvsteorier'

I dette afsnit vil vi opregne nogle centrale, kulturarvsfilosofisk relevante, idealtypiske kerneideer med særligt henblik på at give et yderligere overblik over vigtige ideer, der udgør et grundlag for denne afhandlings videre overvejelser, samt over hvilke, der omvendt ikke eller i mindre grad gør det.

a. 'Kulturarven' eller den kulturelle overlevering ses som rent fortidig, som et passeret stadie og stort set irrelevant for nutiden. Synspunktet kunne repræsenteres af mere eller mindre lineær fremskridtstro i dele af 1700-tallets oplysningstænkning samt i nyere (høj)teknologioptimisme.

b. Kulturarven er noget fortidigt, noget oprindeligt givet, som bør traderes, bevares relativt uændret i nutid og fremtid. Den kan eventuelt anvendes i en bestræbelse på at påvise nutidigt eller samtidigt forfald. Muligvis eller sandsynligvis er den påvirket udefra, men ikke i væsentlig grad. Denne retning er ikke sjældent nationalt orienteret. Dele af 1800-tallets romantik samt visse former for værdikonservatisme kan siges at være tilhængere af denne opfattelse.

c. Kulturarven er noget fortidigt, oprindeligt i sin kerne, men det understreges, at den skal udvikles svarende til nutidige eller samtidige, også internationalt påvirkede forhold. Moderne former for værdikonservatisme kan være talerør for denne idé.

d. Kulturarven anses for en slags af mennesker, bevidst eller ubevidst, dannet eller formet perspektiv, vel at mærke på virkelig, real baggrund, men anses altså ikke primært for et oprindeligt skabt, så at sige guddommeligt sat, i princippet uforanderligt perspektiv. Den kan og bør udvikles til noget væsentligt andet og bedre, bør i dag være nutids- og især fremtidsorienteret, i princippet også gerne under væsentlig, fornuftig påvirkning udefra. Denne idés perspektiv er ganske vist primært universelt, men under udstrakt og væsentlig hensyntagen til mere lokale og individuelle forhold. Et motto for denne retning kunne, med den østrigske komponist Arnold Schönbergs (1874-1951) formulering, være *"Frem til naturen"* (og altså ikke "Tilbage til naturen", som den franske filosof Jean-Jacques Rousseau (1712-78) som bekendt ville det). I øvrigt indbyrdes forskellige tænkere som G.W.F. Hegel (1770-1831), Friedrich Nietzsche (1844-1900), Walter Benjamin (1892-1940) og Theodor W. Adorno (1903-69), kan siges at befinde sig tæt på en sådan opfattelse.

e. For en historisk (fx økonomisk eller teknologisk) determinisme kan den kulturelle overlevering typisk tjene som bevis for eller illustration af det historiske fremskridts nødvendighed og det nutidige stadiums overlegenhed og af tidligere stadiers tilsvarende overhalede status. Denne opfattelses perspektiv er entydigt universelt. Opfattelsen indebærer en utvetydig favorisering af det moderne på bekostning af det overleverede. Den findes i en del historiefilosofi i oplysningstiden samt i historisk materialisme.

f. Begrebet og ordet 'kulturarv' er konstrueret i et magtspil; dette kan være politisk, videnskabeligt eller andet. Noget essentielt grundlag for betegnelsen kulturarv i form af ting eller realt eksisterende begreber findes således ikke ifølge denne opfattelse, der aktuelt forfægtes af socialkonstruktionismen (der på sin side selv har rødder i postmodernisme, diskursanalyse, dekonstruktionisme og Michel Foucaults poststrukturalisme). De magtspil, der her tales om, kan være så vel lokale som nationale og universelle.

g. Den kulturelle overlevering er mangfoldig og forskellig, eventuelt væsensforskellig, og enhver form for kultur alle steder i verden og til alle tider mødes i princippet med accept og tolerance af fortalere for dette standpunkt. Enhver kulturform tilskrives på forhånd samme eller ligeberettiget værdi, og fortalerne taler på denne baggrund for ubegrænset valgfrihed (som også kan udmønte sig i eklekticisme) i forhold til enhver kultur, idet ingen kultur udsættes for en kvalitativ vurdering. Retningen kan på den måde siges at hævde sin værdifrihed og at være værdi- og kulturrelativistisk. Standpunktet gøres gældende af multikulturalistiske og kosmopolitiske opfattelser.

Af særligt inspirerende virkning for denne afhandling har de refererede tanker i punkt d været.

KAPITEL 7

Kommentarer til videnskabelige afhandlinger

a. Bernard Eric Jensen: *Kulturarv – et identitetspolitisk konfliktfelt*[lxvi]

Historikeren, universitetslektor Bernard Eric Jensen hylder i denne bog en socialkonstruktivistisk kultur- og samfundsteori: "Jeg er af den opfattelse, at en socialkonstruktivistisk kultur- og samfundsteori ud fra en saglig betragtning udgør den mere velbegrundede position, når det drejer sig om at forstå og forklare, hvordan et menneske- og samfundsliv fungerer" (19). Denne teoris forhold til begrebet om kulturarv karakteriserer han videre på denne måde: "I socialkonstruktivistisk samfundsteori bruges kulturarv i første række som et deskriptivt og inklusivt begreb – dvs. at det refererer til al den kultur, som en bestemt person eller gruppe har overtaget fra andre personer/grupper. Her siges kultur at vedrøre menneskers betydningsdannende praksisser (signifying practices), og det er følgelig en betegnelse for et sagforhold, der så at sige vil gennemstrømme alle sider af et menneske- og samfundsliv. Man kan da meningsfuldt tale om kultur i ubestemt ental og flertal, fx dansk kultur og storbyens fodboldkulturer. Men der vil ikke være saglig dækning for at bruge den bestemte entalsform: kulturen; en sådan sprogbrug bliver da betragtet som problematisk og misvisende. Der vil følgelig heller ikke være saglig dækning for at tale om kulturarven, men kun om bestemte personers/gruppers kulturarv (i ental eller flertal)" (14-15).

At kulturarvsbegrebet i denne socialkonstruktivistiske teori bruges "deskriptivt og inklusivt", betyder, at *enhver* "betydningsdannende praksis" er kultur(arv). Dette har for det første den konsekvens, at kun den subjektive side, altså menneskers produktion af betydning, har gyldighed som kultur og kulturarv, og at omvendt det objektive og/eller materielle grundlag for betydningsdannelse og kulturproduktion tilskrives ingen eller højst marginal betydning. Dette svarer også til, at Jensen synes at gå i brechen for et hovedsagelig immaterielt kulturarvsbegreb af altovervejende subjektiv eller intersubjektiv beskaffenhed. For det andet har teoriens hævdede deskriptivitet den konsekvens, at al "betydningsdannende praksis" i og for sig gælder som kultur, og at intet (betydningsdannet) gælder som ikke-kultur, antikultur eller kulturfjendsk. Dette er i det mindste meget tæt på at implicere, at intet menneskeproduceret lader sig afskrive som overvejende modkultur, og at alt, der er udstyret med en (inter)subjektiv betydning har gyldighed som kultur, idet Jensens teori har afskrevet sig muligheden for en de jure normativ vurdering af kultur(arv). Selvsagt sætter hans teori dog hermed den normativitet eller ideologi, om man vil, for sin egen operativitet, at ingen kultur lader sig bedømme som bedre eller værre end andre, samt at sådan vurdering må være op til de(t) enkelte i kultur involverede menneske(r) selv, da kun rent (inter)subjektiv kultur(arvs)vurdering er mulig.

Endvidere benægter Jensen legitimiteten af de grammatiske, bestemte former af kultur og kulturarv til fordel for de ubestemte, der alene tilkendes gyldighed. De bestemte former kan da helt givet også let på urimeligt grundlag ekskludere noget stof og nogle mennesker, dersom de fastsættes eller defineres som lukkende sig fuldstændigt om sit indhold. Dette problem lader sig imidlertid ikke løse ved, at ubestemte former for kultur(arv) afløser bestemte; hvis eksempelvis "dansk kultur" er helt ubestemt, hvad udgør så for det første i yderste konsekvens dens indhold? Og for det andet: hvem bestemmer da dette indhold? Svarene bliver, at begrebet "dansk kultur" reelt opløser sig selv i ingenting, og at enhver person/gruppe i grunden ganske vilkårligt selv må bestemme dets eventuelle 'indhold'. Den bestemte form af "dansk kultur", hvilken form i dag overvejende og i hvert fald rettelig må opfattes som åben, vil jeg hævde er sagligt uomgængelig og i øvrigt i grunden næppe mere problematisk end betegnelser som *'den* danske befolkning' eller 'befolkning*en* i Danmark', der hverken intensionelt eller ekstensionelt henviser til noget entydigt homogent. Dertil kommer, at, såfremt man vil insistere på den ubestemte form "danske kulturer", så skylder man ikke desto mindre svar på, hvad der da er det specifikt og fælles danske i disse altså netop *danske* kulturer. Og dette fælles, der sagtens kan være åbent for diskussion, fornyelse og forandring og desuden let kan have særegne former, lader sig vel kalde 'den danske kultur'? Dansk kultur er ikke monolitisk af karakter, og ingen har nogen som helst legitim endsige legal beføjelse til at tage patent på denne, som da også let lader sig diskutere, og dog er denne foranderlige og mangfoldige størrelse, som dansk kultur er, ikke uidentificerbar.

Man kunne imod dette fremhæve, at en endda særdeles central 'identitetsmarkør' som det danske sprog ikke tales ensartet af alle og overalt, at der eksempelvis findes dialekter, sociolekter og slang. Og dog kan man dårligt komme uden om, at der er tale om danske dialekter, dansk slang osv. Og det kan formodes, at der vel næppe i nogen overskuelig fremtid vil opstå nogen tilstrækkeligt rimelig grund til, at netop det danske sprog ikke skulle være det uomtvistelige hovedsprog inden for dette lands arealer, om så også i mangfoldige og forandrede, men ikke på alle områder sagligt begrundet ligeværdige, former.

Endnu en indvending imod identificering af dansk kultur og kulturarv i bestemt form kunne spørgende lyde: 'Hvor stopper da det danske, og hvor begynder det fremmede, når vi taler kultur?' (med det indbyggede, retoriske svar: 'Den grænse findes ikke, og derfor lader dansk kultur sig ikke identificere'). Når det imidlertid drejer sig om juraen, har denne ingen nævneværdige problemer med identificeringen; man er dansk, når man er dansk statsborger. Spørgsmålet, når det gælder kultur, er imidlertid forkert stillet: det danske stopper nemlig ikke et bestemt sted, og det at stoppe et bestemt sted er ikke kriteriet på, om dansk kultur i bestemt form lader sig identificere, og tilsvarende hvad angår det fremmede; dette er til stadighed flydende i og ind i det danske, lige såvel som det danske flyder i og ind i det fremmede.

I øvrigt må dansk – såvel som enhver anden – kulturs materielle og immaterielle genstande og emner altid stilles til regnskab for fornuftens eller kritikkens 'domstol'; dansk kulturs normative status står til hver en tid til fri overvejelse og diskussion. Derudover må det afslappet drøftes i det konkrete tilfælde, dersom drøftelse altså måtte vise sig sagligt relevant, i hvilken grad noget måtte være dansk kultur; fx kan en dansk bosiddende, japansk kvindes kimono vel i en vis forstand kaldes et stykke dansk kultur, skønt den dårligt kan siges at være hverken helt eller relativt typisk dansk kultur.

Det skal understreges, at intet lader sig legitimt afvise med den begrundelse, at det ikke lever op til dansk kultur; man kan sikkert sige, at kun dansk lovgivning – der imidlertid heller ikke er hævet over kritik – og (mangel på) almen respekt for andre mennesker kan begrunde afvisning af adfærd mv.. (Mutatis mutandis kan det samme utvivlsomt siges om alle kulturer og alle former for kultur).

b. Kirsten Hastrup: *Den uhåndgribelige kulturarv. En konvention til debat*[lxvii]

"Kultur er en flydende størrelse, der ikke er ret meget i sig selv, men som gør noget og kan bruges på mange måder" (9). Antropologi-professor Kirsten Hastrups her udtrykte kulturopfattelse ser altovervejende kulturen som subjekters, menneskers handlinger – såfremt man da ikke skal tage hendes (strukturalistiske?) personifikation af kultur, der hævdes at "gøre noget", for pålydende – og som instrument eller redskab for disse. Derimod tilkendes kulturen ikke nævneværdig værdi "i sig selv" i denne artikel; den findes således på det allernærmeste at være uden noget indhold og dermed uden formål. Man kan imidlertid spørge her: hvorfor overhovedet handle kulturelt, hvis det, hvis kulturen, ikke har noget formål? Det forekommer, imod Hastrups statement, endog særdeles ræsonnabelt at antage et iboende formål for al kulturel handling – et formål, hvis ikke helt uensartede indhold immervæk indikeres af universalet, almenbegrebet kultur. Og kunne dette formål ikke, hvor umådeligt forskellige former og gestalter det end måtte antage, med rimelighed hævdes at være det at fremme et godt liv? Hvorom alting er, så synes kulturel handling uden et denne/disse kultur(er) iboende formål klart at tendere hen imod det absurde.

”(...) det gælder for den immaterielle kulturarv, at den pr. definition sprænger enhver forestilling om nationale grænser. Det gælder ikke mindst sproget, der ellers betragtes som det danskeste af det danske. Dansk sprog består for en stor dels vedkommende af låneord fra andre sprog, som i perioder har været hofsprog, magthaversprog eller handelssprog (Lund 2005). Den sproglige dagsorden sættes nok så meget af internationale som af nationale anliggender (Lund 2003). Når konventionen fra 2003 således taler om repræsentationer og udtryk som vigtige elementer i den uhåndgribelig kulturarv, så kan vi i hvert fald sige om sproget – som er det vigtigste udtryksmiddel – at det næppe lader sig nationalisere, skønt det i nationalromantikken fik emblematisk status som det nationales udtryk par excellence. Sprogvidenskaben har selv bidraget til at vise noget andet” (12). Det er sandt, at den immaterielle kulturarv sprænger forestillingerne om nationale grænser, og udsagnets brod imod tilhængere af det standpunkt, at en kultur har stive og ubevægelige grænser, er da heller ikke irrelevant eller uaktuelt.

Med front imod rigid, national grænsedragning har Hastrup selvfølgelig også ret, når hun siger, at sproget ”næppe lader sig nationalisere”. Men dermed kan hun næppe mene, at der ikke er noget, som med rette kan kaldes for det danske sprog, uagtet uafbrudte debatter om fx, hvad der er bedst eller mest korrekt dansk og uagtet dette sprogs elasticitet.

Uproblematisk i hvert fald i historisk perspektiv er det imidlertid ikke at afvise enhver såkaldt ”nationalisering” af sprog eller lignende. Hastrups og adskillige fleres påvisning i denne sammenhæng af fremmed påvirkning af sproget og af intern sproglig diversitet synes at tabe betydeligt i relevans i det omfang, de konfronteres med voldsom sproglig undertrykkelse af folkeslag som eksempelvis tidligere i Wales og Irland. Også Grønland og Færøerne har været udsat for stærkt pres imod, hvad man ikke uden ræson kunne kalde deres nationale eller deres folks sprog.

”Kontinuitet peger mod en (forestilling om) helhed, uden hvilken rationel handling er umulig. Denne helhed kan man godt kalde kultur, men som det vil være fremgået, er det ikke nødvendigvis meningsfuldt at hæfte kulturen op på en forestilling om nationalitet og nationale rødder. (…) I en vis forstand er kulturen selv en illusion, som på den ene side er effektiv og uundværlig for orienteringen i verden, og på den andens side relativt tilfældig og omskiftelig” (12). Trods det, at kultur ikke af Hastrup tilskrives værdi i sig selv og på trods af, at kulturen her karakteriseres som illusorisk, relativt tilfældig og omskiftelig, finder Hastrup ikke desto mindre en kontinuitet i kultur, der peger på en helhed, uden hvilken rationel handling hævdes at være umulig.

Kultur er imidlertid lige så vel for ikke at sige snarere at begribe som diskontinuitet, og helheden er således snarest, finder jeg, at forstå som en brudt, ituslået, fragmenteret 'helhed', i forhold til hvilken den derfor tilsvarende 'umulige' rationelle handling ikke desto mindre må forsøge at gebærde sig. Sådan "rationel handling" kan således, da kulturens kontinuitet og sammenhæng set i forhold til dens diskontinuitet må betragtes som sekundær – men ikke uvæsentlig – aldrig være deduktiv ud fra bestemte kulturelle dogmer eller aksiomer, men må beskedent være åben for selvstændig overvejelse over det anderledes og nye og altså aldrig mene sig alvidende og altomfattende.

c. Mads Daugbjerg: *Kulturarvens grundspænding mellem nationale og globale strømme*[lxviii]

I denne artikel oplyser antropologen, universitetslektor Mads Daugbjerg dette om dens hensigt: "Overordnet har ambitionen været at sætte spørgsmålstegn ved relevansen af kategoriske opdelinger af kulturarv i geografiske trin eller koncentriske cirkler, opdelt i fx lokale, nationale og globale niveauer, og i stedet slå til lyd for en kulturanalyse, der interesserer sig for, hvordan sådanne kategorier fremelskes, forhandles og får effekt" (30). Daugbjergs kritik af de kategoriske opdelinger kan jeg tilslutte mig, for så vidt som de er fastlagt én gang for alle og ikke lader sig ændre. Desuden kan det tilføjes, at sådanne inddelinger utvivlsomt er mere relevante i politiske, institutionelle (fx museale) og økonomisk-bevillingsmæssige optikker end for denne afhandlings formål, der er en filosofisk bestemmelse af begrebet kulturarv.

I en kommentar til UNESCO's konvention fra 2005 om kulturel diversitet siger Daugbjerg: "Men under den tilstræbt universelle, opbyggelige og grænseoverskridende retorik bygger konventionen på det selvsamme truslens grundprincip, jeg løbende har påpeget. Ligesom de truede dyrearter i paradigmet om biodiversitet udgør et gennemgående, legitimerende grundmotiv, er det hos UNESCO truslen om globalisering og (ultimativt) om minoriteternes endeligt, der driver værket: Den tiltænkte "sikring" er tænkt og etableret som et bolværk mod monokulturel ensretning og flertalskulturens tromling af mindretallene og de "indfødte" grupper. Det er som nævnt svært at være imod initiativer, der sigter mod at beskytte de svage og underprivilegerede. Men i beskyttelsen af de undertrykte og truede, hvilket i praksis ofte vil sige indfødte befolkningsgrupper i den tredje verden, risikerer man at essentialisere disse samme grupper som indfødte "kulturbærere" – på trods af forsikringer om det modsatte" (26).

Daugbjergs påpegning af et dilemma i og for UNESCO's politik er berettiget: på den ene side understreges sikring af en eksisterende kulturel mangfoldighed (uden kvalitetsvurdering), på den anden side finder man en emfase af menneskerettighederne, som uden tvivl ikke enhver kultur lever op til. Uden at jeg imidlertid ønsker at være apologet for UNESCO og denne organisations utvivlsomt vanskelige politiske balancegang imellem verdens nationer og disses respektive kulturpolitik, forekommer det, at organisationen, i hvert fald i 2003-konventionen om immateriel kulturarv, har givet primat til kravet om kulturernes aktuelle forenelighed med menneskerettighederne.

Den i den sidst citerede passus omtalte "essentialisering" af indfødte befolkningsgrupper er i øvrigt et tveægget sværd; den kan, dersom den finder sted, også vende brodden imod disse selv, idet den kan medvirke til at forhindre en eventuel udvikling eller forandring hos disse grupper.

d. Mikkel Bille og Tim Flohr Sørensen: *Materialitet.* *En indføring i kultur, identitet og teknologi*[lxix]

De to forfattere – der er universitetsadjunkter og henholdsvis socialantropolog og forhistorisk arkæolog – til denne introduktion specielt beregnet for universitetsstuderende kaster et spørgsmål ud, som er affødt af arveleddet i kulturarvs-ordet, og som især har betydning for forvaltningen af kulturarven: "(…) hvad vil det sige at arve, og hvordan påvirker dette aspekt af kulturarven den kulturelle diversitet i et givet samfund. At arve handler ikke blot om pligten til at beskytte en genstand, det handler også om retten til at formulere dens historie og give eller forhindre andre i at få adgang til den og rettighederne over den" (166). I forlængelse heraf kan man således spørge, om ikke en vigtig konsekvens af at tale om et lands kulturarv er en principielt helt uhindret adgang til denne for hele dette lands befolkning?

Bille og Flohr refererer den indflydelsesrige amerikanske forsker Laurajane Smiths kulturarvs-forståelse i bogen *Uses of Heritage* fra 2006. Smith hævder, at "der findes i virkeligheden ikke nogen ting, som er kulturarv" (ibid.). Hendes pointe er, siger bogens forfattere, at "kulturarv ikke er *i* tingen, men er en tale *om* tingen, der formes gennem det, hun kalder 'autoriseret kulturarvsdiskurs'" (ibid.). De refererer videre: "Ting og praksisser bliver med andre ord konstrueret som et stykke kulturarv gennem eksperternes diskurser og i særdeleshed gennem institutioner som nationale kulturarvsstyrelser, det internationale UNESCO, lokale museer og mange andre aktører, men også i den måde, mennesker bruger, besøger og skaber narrativer om disse steder på", "Kulturarv *er* politik" (ibid.) og "Kulturarv er en kulturel proces, hvorigennem identitet, magt og tingenes betydning konstitueres" (167).

Smiths perspektiv på kulturarven forekommer klart socialkonstruktionistisk og antiessentialistisk, tillægger altså ikke ting i sig selv nogen betydning som kulturarv, det har kun deres indgåen i et betydningssættende og kompliceret politisk magtspil i et givet samfund, som i altovervejende grad er uafhængigt af det givne emne, tingen eller stedet selv. Smiths analyse kan uden tvivl have megen ret forstået som faktavidenskab, som en analyse af sagen, som den synes at tage sig ud for en empirisk iagttagelse. Derved fornægter hun imidlertid, i en forseen sig på de 'politiske' magtspil, de analytiske bestræbelser, som er, eller som kunne være, på i en kulturarvsanalyse og en analyse af kulturarvsbegrebet at give *forrang til objektet*, hvis eksistens hun trods alt ikke afviser, i dettes kontekst, og ikke til det politiske magtspil omkring det.

Denne problematisering synes da heller ikke helt fremmed for Bille og Flohr, når de på denne måde kommenterer: "Men at kulturarv er en diskursiv praksis, kan dog også anses som problematisk. (…) Mødet med tingen er netop et subjektivt møde med tingenes umiddelbarhed og kropslighed. (…) Smith negligerer i et vist omfang personernes erfarede niveau i sin diskursive tilgang og overser, at tingene ikke blot kan *repræsentere*, men ligeledes *præsentere* kulturarv" (167). Forfatterne fremhæver her tingsligheden ved (især den materielle) kulturarv, givetvis med megen ret. Dog synes forfatterne her ensidigt at betone den *subjektive* oplevelse eller "erfaring" ved mødet med tingene, mens en i højere grad *objektorienteret* tilgang, analyse og erkendelse lades ude af betragtning.

e. Mette Bjerrum Jensen: *Kulturarven og myten om den historiske identitet*[lxx]

Mette Bjerrum Jensen, forhistorisk arkæolog og nuværende museumsleder, siger om sin ph.d.-afhandlings metode og teoretiske grundlag: "Når jeg (.) analyserer diskurser bygger jeg på nogle fundamentale antagelser om sociale diskurser. Først og fremmest godtager jeg, at mennesker gennem social interaktion konstruerer 'verden' som vi opfatter den. Når mennesker agerer med hinanden konstruerer vi den sociale verden, herunder viden, identiteter og sociale relationer. Al kommunikation mellem mennesker danner betydninger, der udgør den konstruktion vi kalder samfund. Jeg accepterer derved at viden ikke er en objektiv sandhed, men vores måde at fortolke og kategorisere verden på" (21).

Metodisk og teoretisk fundament for den i øvrigt udmærkede afhandling er således en art socialkonstruktionisme. Lad nu være, at man kan være i tvivl om, hvilken kognitiv status den sidste sætning har; er der tale om en objektiv sandhed trods udsagnets eksplicitte afvisning deraf, eller blot om en relativt vilkårlig antagelse? Men hvorom alting er: såfremt viden ikke drejer sig om objektet, hvad skulle den da dreje sig om? Det er uomtvisteligt sandt, at et 'subjekt' (med interesser, bevidsthed, fejl og mangler) altid er involveret i erkendelsen, det er også sandt, at objekter forandrer sig såvel fysisk som for det historisk og individuelt foranderlige perspektiv. Ikke desto mindre må det stille sig som opgaven ved hjælp af begrebets anstrengelse så godt som det lader sig gøre at erkende det givne, foranderlige objekt i dets aktuelle kontekst, der tillige involverer det erkendende 'subjekt'.

Man aner da også andetsteds i afhandlingen en vis intellektuel utilfredshed med kulturarvens angiveligt helt igennem ideologiske farvning og ditto krav til in casu arkæologen, idet hun vil ned under det ideologiske, historisk-mytologiske skin til 'sagen selv', til den "materielle kultur": "Det kan være en fordel for det arkæologiske virke og den faglige troværdighed oftere at skelne mellem 'historie' og 'fortid'. På den måde kan historiske fortællinger stadig indgå i nationale myter eller andre diskurser, der søger at formulere og opretholde specifikke identiteter, samtidig med at det historiske virke kan udføres uden at skulle leve op til de forventninger, der er, hvis faget skal skabe 'kulturarv'. Således behøves man som dansk arkæolog ikke nødvendigvis at være en del af en national diskurs eller begrunde sit virke i, at man 'giver identitet'. Det kan være nødvendigt at slå tydeligere fast, at der er forskel på kulturarv og materiel kultur" (255). 'Fortiden' og dens materielle kultur menes eller håbes i denne passus at kunne give arkæologen det faglige, videnskabelige spillerum for nøgtern historisk undersøgelse, lader det til her.

Jensens undersøgelse opererer bl.a. ud fra den tese, at "såvel videnskaben arkæologi som det materiale, den behandler, bliver brugt i en ideologisk kamp for at genfortælle og opretholde forestilling om nationalstaten som samfundets bærende enhed, blandt andet ved at formulere eller italesætte en national, eller såkaldt 'historisk', identitet. Begrebet kulturarv spiller en væsentlig rolle i dette spil" (6). Begrebet havde altså i 2009 og har muligvis endnu i dag i 2018 ifølge Jensens diskursanalytiske, især arkæologisk orienterede arbejde en udpræget nationalt ideologisk valør. Den opfattelse, at denne tendens er den faktuelt, empirisk dominerende, skal jeg ikke anfægte; andre koncephioner gør sig dog også gældende i dag, som det er påvist i bl.a. denne afhandlings kapitler 3 og 5. At der siden Jensens afhandling er passeret en halv snes år med mulighed for besindelse på det relativt nye begreb bør retfærdigvis også tages i betragtning her.

Hun citerer Steen Hvass, daværende direktør for *Kulturarvsstyrelsen*, for i et radiointerview at sige: " Jamen, kulturarv, det er sådan set det hele, det er alt det mennesker frembringer ved deres virksomhed og levevis og så videre. I hele vores historie er der produceret kulturarv. Vi producerer også kulturarv i dag, med hvad der laves af redskaber, og måden vi bor på og så videre, former vores landskab på og så videre. Så alt hvad, hvor, hvad skal vi sige, mennesker har en finger med i spillet, der, der dannes der kulturarv, laves der kulturarv". Og Jensen replicerer dertil, at Hvass her "mener, at kulturarv er det hele. Mennesker har altid produceret kulturarv og gør det også lige nu. Men kulturarv er alligevel ikke det hele. Kulturarv er det, vi sorterer fra som kulturarv. Hvis alt var at betragte som kulturarv, ville både befolkningen og museerne drukne i det. Kulturarv er med andre ord det, vi vælger ud som betydningsfuldt for os i dag" (17).

Det er min opfattelse, at Hvass kan have ret i, at intet menneskeligt på forhånd kan udelukkes som relevant i en kulturarvsoptik. På den anden side har Jensen også ret i, at vi (i princippet alle mennesker) udvælger noget frem for andet som mere betydningsfuldt i dag. Og dette gøres uden tvivl ikke og bør ikke gøres blot af pladsmæssige eller overskuelighedsgrunde, men af kvalitetshensyn: hvad er aktuelt mest egnet for os/mig i oplysningsøjemed på baggrund af en reflekteret betragtning? Hvad der kvalificerer noget som kulturarv frem for andet, er imidlertid ikke altid så ligetil at afgøre. Jeg har således tidligere i denne afhandling gjort gældende, at fremstilling af kulturarv må dreje sig om og fremhæve kultur og ikke barbari. Imidlertid kan fx fremragende skønlitterære fremstillinger af kz-lejres barbari, som e.g. i den jødisk-italienske forfatter Primo Levis (1919-87) bog *Hvis dette er et menneske* (1947), i dag måske lettere fortjene at blive kaldt gedigen kultur(arv) end et skønmalende portrætmaleri fra 1600-tallet.

f. Anna Melander: *Kulturarv som begrepp og realitet. En fråga om val, värde och politik i den offentliga sektorn*[lxxi]

"Det går aldrig att vara helt objektiv, varken när man samlar, bevarar, utser eller ställer ut kulturarv. Man skulle kunna göra en utställning där man egentligen inte sa något utan bara visade föremål, arkivhandlingar och ljudupptagningar från samma sammanhang som gjorde att historien berättar sig själv. Kulturarvet i sig är bara insamlad fakta" (26), mener Melander, der på affattelsestidspunktet (2014) var kulturvidenskabsstuderende i Karlstad i Sverige.

Det, at man 'aldrig kan være helt objektiv' bør for det første ikke få den misforståede konsekvens, at så er ethvert udsagn og enhver handling helt igennem eller næsten helt igennem subjektivt. For det andet kan man stille det spørgsmål: gør det da noget, at man aldrig kan være helt objektiv, eller mere præcist stillet: er det i grunden ikke i overensstemmelse med objektets bestemmelse, at subjektet har noget at skulle have sagt i forhold til det? Man kunne her tænke på forholdet mellem to mennesker, der elsker hinanden; her er det grundlæggende helt legitimt, at disse hver især, men yderst hensynsfuldt vil noget med hinanden, føler og tænker noget om hinanden, uden at dette behøver betyde nogen som helst uret i nogen forstand imod den anden. Dertil kommer: ville deres tilværelse hver især og i og for sig selv, isoleret mon nødvendigvis være mere autentisk, sand eller ægte uden den anden og dennes følelser, tanker og handlinger i forholdet?

Kulturarv er indsamlede fakta, hedder det videre. Kulturarv fortæller imidlertid ikke sig selv, den er altid allerede fortolket, om så hele menneskehedens historie i bogstavelig og materiel forstand lod sig reproducere i alle detaljer og i kronologisk orden. Og det gælder også den ukommenterede montage af dokumenter, fx billeder og tekster, om historiske begivenheder, idet selve valget af emne og stof beror på en fortolkning af relevans. Teoriløse fakta gives ikke; enhver indsamling og enhver fremstilling er resultat af (forhåbentlig velbegrundede) valg. Og i øvrigt ville fx en udstilling, som ikke afspejler menneskelige interesser, utvivlsomt være netop interesseløs.

Melander synes da også at tage en konsekvens af den indsigt, at man 'aldrig kan være helt objektiv', når hun her refererer, citerer og kommenterer den svenske værditeoretiker Lars Bergström: "Bergström hävdar att man kan vara expert när det gäller sakfrågor men att man inte kan vara det när det gäller värdefrågor. Han säger: *'Man kan t ex. vara expert på geologiska frågor i samband med avfallslager för kärnkraftavfall, men inte på frågan om vi har moralisk rätt att påtvinga kommande generationer vårt kärnkraftavfall'*. Men för de som jobbar med kulturarv stämmer inte detta påstående. De ska vara experter på sina respektive områden, arkeologi, arkiv, byggnadsvård osv men samtidigt vara experter på, vad som har ett värde och kanske ett högre värde än något annat" (19). Melander har en fin pointe her; en vurdering af 'værdi' lader sig ganske evident ikke skille fra det faglige og saglige (i det mindste) for dem, som arbejder med kulturarv.

Melander hævder i øvrigt i sin artikel: "Olika värden kan också komma i intressekonflikt med varandra som i exemplet där forskningsvärdet och värdet att få ha personlig integritet sätts mot varandra i arkivsektorn"(18). Det er uden tvivl rigtigt, at forskellige interesser kan gøre sig gældende i relation til en given genstand eller sag; dette betyder imidlertid ikke nødvendigvis, at begge eller alle interesser gør sig gældende i direkte forhold til kulturarv. I det eksempel, Melander her nævner, er der tale om en interesse (i.e. forskningens) i kulturarv, der står over for en interesse i personlig integritet, hvilken altså ikke, fordi genstanden *også* er et stykke kulturarv, må forveksles med en interesse, der har kulturarv som formål. Det betyder på den anden side naturligvis ikke, at der ikke imellem disse forskelligartede interesser kan opstå en regulær konflikt.

Det kan også være på plads med en bemærkning, når Melander skriver: "Det är svårt att i vår samtid se vad som är kulturarven av idag och vad som kommer vara symbolbärande för vår nutid. Detta är lättare att se i backspegeln när man fått lite perspektiv. Vissa hävdar att var tid är så skild från andra att vi inte kan förstå den eftersom vi utgår från våra egna referensramar" (27).

Nogen kan hævde, at vi ikke kan forstå vor samtid, da vi ikke er på afstand af den, og andre kan omvendt hævde, at vi ikke forstår fortiden, da vi er på afstand af den. Det er imidlertid ikke til at indse, at en ikke blot intimt forstående, men tillige kritisk og selvkritisk, historisk bevidsthed ikke i bedste fald skulle kunne sige noget fornuftigt om såvel nutid som fortid, lad så være, at ingen kan skue ind i fremtiden. Kritisk, historisk bevidsthed betyder i sig selv (en ganske vist intimt indlevende) afstand til sit objekt.

Svarene fra de syv forskere og embedsmænd fra den svenske "kulturarvssektor", som Melander har interviewet, på spørgsmålet om, hvad der vurderes højst i kulturarven – hvilken hun i øvrigt selv definerer meget bredt som alle spor af menneskelig virksomhed –, synes for hende relativt famlende og tvivlende. Hun mener dog på trods heraf at kunne uddrage denne fælles, ganske plausible kerne fra svarene: "Vad som värderas högst i kulturarvet är den kunskap, den kan förmedla" (ibid.).

g. Sammenfatning

De i dette kapitel behandlede tekster, som er udgivet i perioden 2006-2014, har vist sig alle at være præget af især (kritisk) diskursteori og socialkonstruktionistisk teori og metode. Også hermeneutikken som metode spiller en om end mindre rolle i teksterne.

Den opfattelse er fremherskende i teksterne, at begrebet kulturarv er ideologisk og især nationalt farvet i den samtidige praksis, i hvert fald i Danmark, og på den måde problematisk.

Begrebet immateriel kulturarv som muligt juridisk-legalt begreb fremhæves også som problematisk, især af Kirsten Hastrup og Mads Daugbjerg, idet det, stik imod sin hensigt, da vil kunne bryde overgribende ind i fx såkaldt oprindelige folks levevis. Dersom man nemlig ved eksempelvis at frede en sådan kulturs sprog ønsker at hindre sprogmæssige overgreb fra et lands flertal imod det oprindelige folks ret til eget sprog, kan det samtidig som boomerangagtig konsekvens betyde et konserverende indgreb i dette sprog og denne kultur, som da i sletteste fald ikke tillades (sproglig) udvikling.

Disse to problematikker er reelle nok; den første, fordi begrebet kulturarv uden tvivl, i hvert fald i det første årti af dette årtusind, i Danmark indgik i en såkaldt kulturkamp indledt af VK-regeringen (2001-2011) kort efter dens overtagelse af regeringsmagten i 2001. De behandlede danske tekster stammer stort set fra denne periode. Imidlertid turde det være fremgået af de foregående kapitler i denne afhandling, at begrebet kan tillægges en anden indebyrd, som ikke nødvendigvis bygger på en relativt om sig selv lukket ideologi, af hvilken art denne så måtte være, derfor vil argumentationen for denne opfattelse ikke blive gentaget her.

Det andet problem er af mere hypotetisk karakter, om end der altså i FN-regi er vedtaget en konvention om immateriel kulturarv. På grund af dette sidste er problemet relevant at tage op, idet

91

nationernes næste skridt i forhold til konventionen kunne være at vedtage en udpegning af immaterielle (verdens)kulturarvsværker eller -emner, fx visse sprog. I denne afhandlings sammenhæng betyder besindelsen på dette problem så meget som det, at kulturarvsbegrebet bør være påpasseligt med ikke (mod sin vilje) at stivne i stereotypi, men derimod bør være tilpas elastisk, bevægeligt og åbent for det nye. Og især gælder dette utvivlsomt den immaterielle kulturarv, som ofte er en del af en levende, praktiseret kultur som fx sprog, eller som uafladeligt er genstand for kritik, nye og forskellige fortolkninger og ny vurdering som fx kunst. Af tilsvarende grunde forekommer det at være halsløs gerning at udfærdige kunstkanoner.

For så vidt som teksterne opererer med en definition af kulturarv, er det sådan noget som det, at kulturarv er alle spor efter menneskelig virksomhed, dvs. den vel nok bredest mulige definition. En bred definition er sagligt begrundet, men den kan dog være så bred, at den slår over i det intetsigende, hvad den nævnte definition da også står i fare for, idet der tilsyneladende ikke sættes grænser for den, i hvert fald så langt som menneskelig virksomhed rækker. Imidlertid indeholder definitionen i sig selv spor af eller tegn på grænser for, hvad der hører ind under kulturarvsbegrebet. For det første: naturen – men ikke fx videnskaben eller filosofien *om* naturen – er ikke kulturarv, for så vidt som den ikke indeholder spor af menneskelig virksomhed. For det andet, og her finder jeg det legitimt er være en smule subtil, er sporene efter umenneskelig virksomhed altså ikke *i sig selv, men kun som erkendt som umenneskelige eller barbariske* for kultur at regne. Det gælder selvfølgelig ikke så meget dyrenes 'virksomhed', men altså netop spor efter menneskers umenneskelige virksomhed. Det betyder imidlertid dels ikke, at begrebet umenneskelighed eller barbari ikke i de enkelte tilfælde eller principielt lader sig diskutere, og dels betyder det ingenlunde, at der ikke kan være gradsforskelle af umenneskelighed.

Åbenbart, og for mig at se med god ret, afgrænser kultur sig altså med flydende grænser over for henholdsvis natur og umenneskelighed eller barbari. I forhold til den religiøse person afgrænser kulturarven sig også over for Guds 'virksomhed', derimod er religionen, den menneskelige side af trosstoffet, en del, men ikke nødvendigvis en konfessionelt forpligtende del, af den samlede kulturarv.

En vis vægring ved at kvalitetsvurdere kulturarv gør sig ganske stærkt gældende i teksterne, skønt flere samtidig synes at kunne ønske sig kriterier for en sådan vurdering. Ingen kan imidlertid reelt unddrage sig en sådan vurdering, og i særdeleshed ikke kulturarvsfagfolk ansat på museer mv.. Anna Melander, som har interviewet syv eksperter på forskellige kulturarvsfelter, har imidlertid ekstraheret denne ganske overbevisende kerne af deres opfattelser: "Hvad der vurderes højst ved kulturarven er den kundskab, den kan formidle".

KAPITEL 8

Om 'kulturarv' i historiefilosofisk belysning:
Nietzsche og Benjamin

a. Friedrich Nietzsche: *Historiens nytte*[lxxii]

Disse forfatterens "utidssvarende betragtninger" indledes med et Goethe-citat, der tydeligt angiver retningen for Nietzsches (1844-1900) overvejelser i dette skrift: "'I øvrigt hader jeg alt det, der kun belærer mig uden at forøge eller umiddelbart stimulere min virkelyst'" (36).[lxxiii]

Nu- og fremtidsperspektivet på det historiske er således helt entydigt hos Nietzsche. Og tydeligere bliver det, når han siger: "(...) først ved kraften til at gøre fortiden frugtbringende for livet og af det forgangne skabe ny historie bliver mennesket til menneske: men i et overmål af historie hører mennesket atter op, og uden dette beskyttelseslag af det uhistoriske ville det aldrig have begyndt eller vove at begynde" (44).[lxxiv] "Det uhistoriske" kalder Nietzsche dét ved det enkelte menneske, der, om man så må sige, ikke adlyder mere eller mindre størknede historiske former som fx såkaldte historiske lovmæssigheder eller det historisk overleverede i form af traditioner, myter og stivnede dannelsesidealer; "det uhistoriske" kunne man også kalde for den enkeltes suveræne beslutning på baggrund af kritisk indsigt i historien.

Nietzsche spidsformulerer sin opfattelse af beskæftigelsen med historie på denne vis: "Hvis vi bare lærer at drive historie bedre og bedre netop med henblik på *livet*!" (48).[lxxv]

Forfatteren opregner nu tre forskellige mere eller mindre legitime måder at forholde sig til historien og dens efterladenskaber på, nemlig henholdsvis den "monumentale", den "antikvariske" og den "kritiske".

Den *monumentale* relation til historien består "i de store *tilskyndelser, som* det stærke menneske får af den" (54).[lxxvi] Men fortiden således betragtet som eftertragtelsesværdig og efterlignelig løber risikoen for at blive idealiseret, forrykket og dermed "tilnærmet den frie opdigtning" *("der freien Erdichtung angenähert zu werden")* (ibid.), mener forfatteren. "Hele store dele af den glemmes, foragtes og betragtes som et gråt uendeligt hav, hvor kun enkelte udsmykkede fakta rager op som øer: ved de få personer, der overhovedet er synlige, er der noget unaturligt og forunderligt" (ibid.).[lxxvii] Nietzsche fornægter altså ikke denne historiebetragtnings legitime, inspirerende nytte for især såkaldt stærke personligheder, men påpeger samtidig den nærliggende fare for, at den ender i en illusorisk og "unaturlig" historieforståelse.

Nietzsche leverer et eksempel på den monumentale historieforståelses sikkert mest fatale faldgrube: "Man tænke sig mennesker uden eller med ganske ringe sans for kunst pansret og bevæbnet med den monumentale kunsthistorie: hvem vil de nu vende deres våben imod? Mod deres arvefjender, de skabende kunstnere, altså mod de eneste, der er i stand til i sandhed at lære af denne historie, det vil sige lære med henblik på livet. (…) Dem spærrer man vejen for; dem formørker man luften for, når man ophøjer et halvt forstået monument fra en eller anden stor fortid til afgudsbillede og danser om det med vedholdende iver, som om man ville sige: 'Se, dette er den sande og virkelige kunst: hvad vedrører jer de vordende og villende!'" (55).[lxxviii] Apoteosen til samt hypostaseringen, feticheringen og idealiseringen af (in casu) 'Den Store Kunst' bliver alt andet lige til en bremseklods for de nye generationer af kunstnere, der ellers har eller ville have haft viljen og potentialet til at frembringe nye, tidssvarende, autentiske former i kunsten.

Det *antikvariske* forhold til historien har "den bevarende og pietetsfulde, den, der med trofasthed og kærlighed skuer tilbage til det, han kommer fra, til det, han er opstået af. (…) Idet han med nænsom hånd plejer det fra gammel tid bestående, vil han bevare de betingelser, hvorunder han er blevet til, for dem, der skal komme efter ham – og således tjener han livet. Man kan næppe tale om, at en sådan natur besidder noget, der er nedarvet fra forfædrene: thi det er snarere besiddelserne, der ejer denne natur. De små ting, det begrænsede, det brøstfældige og forældede får en egen værdighed og ukrænkelighed ved, at det antikvariske menneskes bevarende og pietetsfulde sjæl tager bolig i dem og gør dem til en hjemlig rede. Hans bys historie bliver for ham til hans egen historie" (58).[lxxix]. Den antikvariske person føler en stærk og intim samhørighed med den fortid, som han stadig anser for livskraftig: "Her har man kunnet leve, siger han til sig selv, for her kan man leve nu; her vil man kunne leve, for vi er seje og kan ikke knækkes fra den ene dag til den anden" (ibid.).[lxxx] Det antikvariske menneske føler billedligt talt "træets glæde over sine rødder, den lykke at vide, at man ikke lever helt vilkårligt og tilfældigt, men er fremvokset af en fortid som arving, blomst og frugt" (59).[lxxxi] Han/hun har således en stærk følelse af historisk kontinuitet og sin egen meningsfulde plads i den (nære) historiske sammenhæng.

Som det fremgår, giver historien det antikvariske menneske livskraft og livsmod og tjener følgelig livet, hvilket for Nietzsche legitimerer menneskets forhold til historien. Imidlertid kan også denne historierelation undergrave "det levende liv", ifølge Nietzsche: "(...) når historien tjener det fortidige liv på en sådan vis, at den undergraver det levende liv og dermed netop det højeste liv, når den historiske sans ikke mere konserverer, men mumificerer livet: så dør træet på unaturlig måde oppefra og ned mod rødderne. (…) Den antikvariske historie udarter selv i det øjeblik, hvor den ikke besjæles og begejstres af nutidens friske liv. (…) Og så overværer man et modbydeligt skuespil: en blind samlermani, en rastløs skraben sammen af alt, der engang har været til" (61).[lxxxii] Igen er det feticheringen, dyrkelsen, og i dette tilfælde af *alt* gammelt på det nyes bekostning, der for Nietzsche at se betyder det forfald af det antikvariske forhold til historien, som videre betyder elimineringen af livsbekræftelsen.

De to omtalte former for perspektiv på historien står imidlertid begge i overhængende fare for at terminere i gold og livsfornægtende dyrkelse af fortiden, ja der synes ovenikøbet at kunne sættes et stort spørgsmålstegn ved, om de overhovedet kan undgå at ende der, idet begge historieforhold lægger hovedvægten på det fortidige. Derfor forekommer den tredje form for historieoptik, den kritiske, at være den mere gyldige for Nietzsche: "Mennesket må have kraft til fra tid til anden at sønderbryde og opløse en fortid for at kunne leve: dette opnår han ved at drage den til ansvar, underkaste den et pinligt forhør og endelig domfælde den; og enhver tid fortjener at domfældes – thi sådan forholder det sig nu engang med menneskets gøremål: altid har menneskelig vold og menneskelig svaghed været virksomme i dem" (62).[lxxxiii] Den kritiske forholden sig tager bevidst stilling til historien og det historiske, indbefattet ikke mindst dettes elendighed, og søger således i egentlig forstand at opnå historisk bevidsthed til utvetydig fordel for nutiden og fremtiden. Denne tilgang til historien ved det følgende: "(...) kendskabet til fortiden har til alle tider kun været begæret med henblik på fremtiden og nutiden, ikke for at svække nutiden, ikke for at gøre en livskraftig fremtid rodløs" (65).[lxxxiv]

Historien og 'kulturarven' – et begreb, som Nietzsche ganske vist ikke opererer eksplicit med, men som hans overvejelser med rimelighed kan hævdes sagligt at implicere, med de forbehold, som dette ord i øvrigt giver anledning til, jf. behandlingen heraf i *Kapitel 9* – gælder således i emfatisk forstand det levende liv, ikke omvendt. De følgende to citater understreger dette forhold: "(...) mennesket skal først og fremmest lære at leve og har kun brug for historien i livets tjeneste" (123)[lxxxv], og: "(...) kulturen kan kun fremvokse og sætte blomst, når den udspringer af livet" (124).[lxxxvi]

Trods tekstens indpakning i salvelsesfuld lovprisning af det handlekraftige, stærke menneske, af hvilket der vel ikke går 13 på dusinet, i hvert fald ikke ifølge forfatteren, leverer han i høj grad med denne bog værdifuldt stof til almen eftertanke over begrebet kulturarv.

b. Walter Benjamin: *Om historiebegrebet*[lxxxvii]

Walter Benjamin (1892-1940) affattede sine i 1942 posthumt udgivne historiefilosofiske teser i 1940, ikke mindst under indtryk af fascismens fremmarch og Hitler-Stalin-pagten.

For Benjamin er nutiden henvist til fortiden; ikke som forbillede, mønster eller ideal for nutiden, men derimod som noget, der fordrer enhver nutids bidrag til sin forløsning. Dvs., at fortiden selv må betragtes som uforløst og altså ikke som noget ideelt, men tværtimod som noget, der på sin side i sig er henvist til enhver nutids bidrag til den samlede menneskeheds forløsende indsats. Historiens kontinuitet ligger således i hele menneskeslægtens forhåbning om og bestræbelse på forløsningen fra den gennemgående, konstante, transhistoriske undertrykkelse, udsathed og afmægtighed. Enhver nutid skylder således de forgangne slægter sin egen indsats for at bidrage til at tilvejebringe den forløsning, som er alle hidtidige generationers og epokers, også nutidens, fælles håb og forventning. Hos Benjamin hedder det derom: "Fortiden fører et hemmeligt indeks med sig, hvorigennem den henvises til forløsningen. Strejfes vi ikke selv af et pust af den luft, der ombølgede de fortidige? Er der ikke et ekko af de nu forstummede i stemmerne, vi lytter til? Har kvinderne, vi bejler til, ikke søstre, de ikke har kendt? Forholder det sig sådan, så er der en hemmelig aftale mellem de tidligere slægter og vores. Så har vi været ventede på jorden" (fra tese II).[lxxxviii]

Det blik, det nutidige perspektiv på 'kulturarven'[lxxxix] – af ham selv med betydelig kritisk distance kaldet *Kulturgüter* (kulturgoder) –, der således er relevant ifølge Benjamin, er det, der ser "faren", det uforløste eller undertrykte i det historiske stof med henblik på at forløse såvel sin egen tid og sit eget slægtled som fortiden. Den relevante kulturarv eller rettere: det relevante perspektiv på kulturarven er med andre ord det, der kan give oplysning om og adækvat kritik af fortidens og nutidens altdominerende sociale uret: "At artikulere fortiden historisk vil ikke sige at erkende 'hvordan det egentlig var'. Det vil sige at bemægtige sig en erindring, sådan som den viser sig i et glimt i farens stund. (…) Faren truer såvel traditionens bestand som dens modtagere. Begge er udsat for truslen fra én og samme fare: at lade sig anvende som redskab for den herskende klasse. I hver epoke må der gøres forsøg på igen at vriste overleveringen fra den konformisme, der er i færd med at underlægge sig den" (fra tese VI).[xc]

Benjamin giver klart udtryk for samme opfattelse, når han siger: "Der findes ikke noget kulturdokument, der ikke samtidig dokumenterer barbari" (fra tese VII).[xci]

Benjamin selv lader til igennem et Bertolt Brecht-citat at give en art vejledning til sin egen historiske optik, der kunne kaldes 'erindring om den sociale fare':

"'Betænk nu mørket og den hårde kulde

I denne dal, hvor jammeren gi'r genlyd'" (fra tese VII).[xcii]

Han kerer sig således om alt, hvad der kan gå til og alt, hvad der er gået til, i historien; derfor må *intet* gå til i forløsningens stund, hvilket ærinde også forpligter historikeren: "Krønikeskriveren, der beretter om begivenhederne uden at skelne mellem stort og småt, tager dermed hensyn til den sandhed, at intet, der nogensinde er sket, må gå tabt for historien" (fra tese III).[xciii] Benjamin taler tydeligvis et religiøst sprog her som i samtlige teser – alle mennesker er udrustet med en "svag messiansk kraft", som fortiden kan gøre fordring på, siger han i 2. tese –; derfor kan han være forventningsfuld og fortrøstningsfuld i sin eskatologiske tro på, at intet er gået tabt ved tidernes ende, at alle enkelte mennesker og ting da vil blive forløst. Hvad angår historikeren, der alene mand/kvinde rigtignok ikke er i stand til at frembringe den fulde forløsning af alle jordiske entiteter, er intet for småt til at gælde som kulturarv; alt, hvad der bærer spor af mennesket og dets virksomhed, er tværtimod at regne for kulturarv eller for kulturarvsrelevant.

Historikeren og den kulturarv, som han beskæftiger sig med, må således bidrage til menneskehedens forløsning, ifølge den af jødedommen stærkt inspirerede historiske materialist Walter Benjamin. Denne tanke er utopisk, men dens endemål er hvert eneste enkeltmenneskes og hver eneste enkelttings tilværelse efter sin helt egen bestemmelse og ikke efter nogen udefra kommende – hvilket er et såkaldt nominalistisk moment i hans tænkning –, sådan som tilfældet måske kunne hævdes at være, også af Benjamin selv, i det bibelske paradis. Benjamin citerer i denne forbindelse også den østrigske forfatter Karl Kraus' aforisme: "Oprindelse er målet" ("Ursprung ist das Ziel") (fra tese XIV).

Men måske er forløsningen af hele menneskeheden et rigeligt stort krav til historikeren at forfølge, måske er det sådan, at "de døde er virkelig døde", som en anden tysk filosof og ven af Benjamin, Max Horkheimer (1895-1973), sagde det? Ikke desto mindre kan det imidlertid stadig synes ganske plausibelt, at historikeren og andre fagfolk og i øvrigt alle andre mennesker (eller, med Benjamin rettere: alle (andre) undertrykte) må søge så vidt muligt via historisk indsigt at opfylde også de håb til tilværelsen, som de forgangne slægter havde; de håb, som måske kan sammenfattes i ordene *frihed for uret*.

Om nogen konkret anvisning på sådanne omstændigheder for den menneskelige tilværelse kan der dog meget dårligt blive tale; den, der beskæftiger sig med fortiden, er, og jeg tilslutter mig her de tyske filosoffer G.W.F. Hegel (1770-1831) – der dog kan være tvetydig på dette punkt – og især en anden, nær ven af Benjamin, Theodor W. Adorno (1903-69), henvist til den bestemte, kritiske fremstilling af mere eller mindre konkrete udslag af uret, idet ingen nulevende kan være i stand til at forestille sig, hvordan mulig, fremtidig utopisk tilværelse, som i øvrigt aldrig vil kunne låses fast, kunne gestalte sig. Denne "bestemte negation" henviser altså ikke, hvilket må understreges, til nogen konkret utopi; langt snarere søger den at give udsigt til talløse, uforudsigelige, åbne, fremtidige (valg)muligheder for menneskene.

c. Sammenfatning

Hverken Nietzsche eller Benjamin er dyrkere af fortiden, langt snarere stiller de sig skeptiske til den som præget af undertrykkelse, vold, menneskelig svaghed og forfald. Historien, det forgangne og den kulturelle arv bør først og fremmest føre til indsigt i dette negative med henblik på det, som Nietzsche kalder livet eller det, som Benjamin kalder forløsningen. De to begreber skal ikke uden videre opfattes som identiske; imidlertid synes de at dele en bestræbelse hen imod et godt liv på basis af en kritisk indsigt i fortiden.

'Kulturarven' sættes der ikke af nogen af de to tænkere grænser for, den kan siges at omfatte alt menneskeligt; men det relevante eller afgørende perspektiv på den er til gengæld relativt entydigt: det er kritisk i forhold til historiens negativitet, til dens mørke sider, om man så må sige.

Ingen af de to hylder den historiske fremskridtsoptimisme, der ellers i ikke ringe grad var de respektive samtiders, fx hos det tyske socialdemokratiske parti og i sovjetmarxismen; betonede man nemlig fremskridtet i historien, overså man i høj grad den i realiteten fremherskende og i hvert fald helt centrale undertrykkelse. Benjamins opfattelse af historiens 'fremskridt' finder man, trods den allegoriske fremstilling, klart udtrykt i tese IX, som fortolker Paul Klees (1879-1940) billede *Angelus Novus* (1920), og som her skal citeres i sin helhed:

> "Min vinge er til flugt beredt
> *jeg vendte gerne tilbage*
> for blev jeg end i levende tid
> jeg fik kun ringe lykke.
>
> Gershom Scholem: 'Englens hilsen'

Der findes et billede af Klee, som hedder Angelus Novus. Det forestiller en engel, der ser ud, som om den var ved at fjerne sig fra noget, den stirrer på. Dens øjne er opspærrede, dens mund er åben, og dens vinger er bredt ud. Sådan må historiens engel se ud. Den vender sit åsyn mod fortiden. Hvor der for vore øjne viser sig en kæde af begivenheder, der ser *den* én eneste katastrofe, der uafladeligt hober ruin på ruin og kaster dem for englens fødder. Den ville gerne blive, opvække de døde og føje det sønderslåede sammen igen. Men fra Paradis blæser en storm, der har tag i dens vinger og er så voldsom, at englen ikke længere kan folde dem sammen. Denne storm driver den ubønhørligt ind i fremtiden, som den vender ryggen, mens ruinhobene foran den vokser ind i himlen. Det vi kalder fremskridt er *denne* storm".[xciv]

KAPITEL 9

Kulturarvsbegrebet
Afsluttende essay

I denne undersøgelses forløb er det blevet stadig mere klart for denne forfatter, at der ingenlunde er enighed om, hvad begrebet kulturarv dækker. Der er heller ikke enighed om, hvorvidt begrebet er videnskabeligt gyldigt eller operationelt, eller det udelukkende er en politisk-ideologisk konstruktion. Endog spørgsmålene om (u)anvendeligheden af og det misvisende ved begrebet overhovedet til fordel for et helt andet og bedre er bragt på bane i kommentarer til begrebet. Alene af disse grunde er det ingen simpel sag at navigere sig frem igennem labyrinten hen imod det i dette kapitel fremstillede begreb om kulturarv.

På den anden side byder divergensen i de tidligere behandlede tekster i opfattelse af begrebet på den fordel for afhandlingen, at mine egne reflexioner over begrebet i høj grad er blevet til på baggrund af en diskussion med disse særdeles forskellige synspunkter og derved gerne skulle have set og taget kritisk højde for de fleste og i hvert fald de væsentligste synsvinkler på begrebet. De behandlede tekster har således været et uundværligt fundament for mine egne overvejelser og dermed for det begreb om kulturarv, der vil blive fremstillet i det følgende.

Det her fremstillede begreb er filosofisk og ikke primært et institutionelt begreb om kulturarv, et filosofisk begreb, som nødvendigvis må være historisk sensitivt og åbent.

Sporene efter menneskelig virksomhed

Kulturarven knytter sig til sporene efter menneskelig virksomhed. Hvis nemlig kultur er sådan noget som – med en måske noget arkaisk, men ikke desto mindre tilpas rammende betegnelse – dyrkelse af ånden, som Cicero mente – og jeg kan kun dårligt være uenig med ham deri, for så vidt som det implicerer det at stræbe henimod et myndigt og tvangfrit forhold til den indre såvel som den ydre natur – så er al menneskelig virksomhed og resultaterne heraf at anse for kultur, om end rigtignok i varierende grad, da al ypperlig og i emfatisk forstand *menneskelig* virksomhed i det mindste præges af human ånd. Det vil man – måske ligefrem som rygmarvsrefleks – muligvis være villig til at indrømme, når talen er om Carl Nielsens symfonier, men hvad med noget så profant som pølsevognen, hvad kan den have med ånd at gøre? Det kan den have på flere måder, eksempelvis: dens begreb i sin relevante sammenhæng rummer i dyreholds- og slagteleddet bestræbelsen – der af flere grunde kan være utilstrækkelig, men det kan selv den geniale symfoni også – på human dyrebehandling, den rummer desuden immervæk en vis dyrkelse af (vel)smag, og den forudsætter alt andet lige gensidig respekt mellem kunde og sælger, sådan at kunden fx ikke tillades at tilrane sig produkter fra pølsevognen.

Det er således min første bestemmelse af kulturarv, at *den er knyttet til sporene efter menneskelig virksomhed, herunder bl.a. også tankevirksomhed.*[xcv] Deraf følger også den påstand, at enhver væsentlig indskrænkning af denne bestemmelse, fx til det, at kulturarv udelukkende relaterer sig til såkaldt finkultur, dvs. 'de skønne kunster' foruden kunsthåndværk, filosofi, videnskab – måske især humanvidenskab – og eventuelt religion, ville vise sig futil. Dertil kan føjes, at netop denne indskrænkning af bestemmelsen historisk set er blevet overhalet.

Enhver menneskelig virksomhed uden undtagelse sætter sine spor, hvad enten de opdages, afdækkes eller ej; det betyder for det første, at *al menneskelig virksomhed uden undtagelse principielt må betragtes som relevant i kulturarvsøjemed*, og for det andet, at *selv sporene efter den virksomhed, der først har fundet sted for et øjeblik siden, er at betragte som knyttet til kulturarv.*

Når det hedder, at kulturarv er "*knyttet til* sporene efter menneskelig virksomhed", betyder det, at *kulturarven ikke kun er at betragte som de overleverede objekter i sig selv, altså som bygninger, ting, skrifter mv., men at den i høj grad også betyder fortolkningen, tydningen af disse.*

Kulturarv universel

For så vidt som kulturarv således knytter sig til sporene efter (al) menneskelig virksomhed, *er den væsentligt universel*, idet den principielt tænkes givet videre fra menneske(r) til menneske(r) uden skelen til nationalitets- eller gruppebetegnelse. Dette betyder ikke, at en given kulturarv ikke kan være af større relevans for en (gruppe) end for andre; fx er viden om det danske sprog i almindelighed af større relevans for dansk bosiddende mennesker end for andre. Det betyder derimod, at fx dansk litteratur i princippet er relevant for alle klodens mennesker og derfor bl.a. da også i princippet altid er oversættelsesparat (H.C. Andersen er således oversat til ca. 150 sprog, bl.a. kinesisk, arabisk og zulu). Og helt 'lavpraktisk' ser man da også i betydeligt omfang internationalt besøg til endog ret så lokalt bestemte museumsudstillinger. Men *i princippet tilhører al kulturarv qua kulturarv, dvs. i egenskab af materiale for oplysning, altså alle mennesker uden undtagelse,* helt uafhængigt af økonomisk ejendomsforhold.

Det er omsonst at benægte, at der gives noget særegent dansk og dermed en relativt særegen dansk kulturarv. Det danske sprog, uagtet dets historiske variabilitet og dets forskellige, bl.a. sociale og geografisk lokalt bestemte former, turde være et uomgængeligt eksempel på noget sådant, kendetegnende som det er for en stort set ret afgrænset gruppe af mennesker på et begrænset geografisk område. Det danske sprog lader sig imidlertid lære af ethvert menneske, lad så være, at den, der har dansk som modersmål utvivlsomt kan have lettere ved at få et intimt forhold til dette sit sprog end den, som ikke har det som modersmål. Af sådanne grunde *vil det være lige så omsonst at hævde en danskheds og en dansk kulturarvs eksklusivitet som at benægte eksistensen af noget relativt særegent dansk,* der eventuelt ovenikøbet kunne være bevaringsværdigt, værd at bygge på eller værd alvorligt at tage kritisk stilling til – for danskere som i princippet for alle andre mennesker.

Anden natur

Kulturarv lader sig imidlertid på sæt og vis afgrænse i forhold til naturen, der ikke, da den ikke har karakter af 'subjekt', efterlader sig spor af menneskelig virksomhed – men på den anden side som sådan naturligvis har indflydelse på denne virksomhed og derved har betydning for denne virksomhed og altså for kulturarven, fx som motiv for figurative eller mindre figurative landskabsmalerier eller som genstand for biologiske og fysiske studier.

Ganske vist talte romantikere i 1800-tallet også quasi-animistisk og åndsprojicerende om "ånden i naturen" – dette var således titlen på en bog (1849-50) af den danske fysiker og naturfilosof H.C. Ørsted (1777-1851) –, men dels *dyrker* naturen ikke ånden, som rimeligvis med mere tidssvarende begreber tilnærmelsesvis kan kaldes bevidstheden eller oplysningen, dels har den trods alt ikke dét præg af elimineret, ophævet råhed for ikke at sige brutalitet, der immervæk er et væsenstræk ved al kultur, som måtte fortjene navnet.

Kultur afgrænser sig imidlertid ikke over for natur som et i intentionen rent beherskende subjekt over for et rent objekt, der skal beherskes; kultur er tværtimod dybt involveret i og præget af natur, idet kulturens *væsentlige* bestemmelse er at være en af naturen selv udsprunget fornuftig, til naturens, herunder menneskers egen, beskaffenhed intimt og primært hensyntagende bearbejdelse af naturen. Ideelt set *kan kulturen og kulturarven derfor med andre ord kaldes for åndeligt dyrket natur.* Eller med endnu andre ord: *kultur er den af (menneskelig og ydre) natur selv udsprungne* bestræbelse *hen imod humant omformet natur. Kultur kan således kaldes en 'anden natur' eller en 'naturens andethed'*, som altså *ikke* er identisk med den oprindelige eller første natur.

Bemærkninger om natur og naturarv som kulturarv

Natur er kun naturarv og dermed kulturarv, for så vidt som den er eller har været genstand for menneskelig virksomhed, herunder sanse- og tankevirksomhed. Dette ligger også allerede deri, at, for at noget kan arves fra eller til nogen, må det først i en eller anden forstand være *tilegnet*, og en tilegnelse fordrer en forudgående virksomhed, praktisk eller teoretisk.

Naturen går imidlertid ikke rent op i natur- og kulturarv; den indeholder altid et 'mere' eller en 'rest' i forhold til natur- og kulturarven.

Natur er altså ikke uden videre identisk med den såkaldte naturarv; natur er kun naturarv, for så vidt som den er gjort til genstand for menneskelig virksomhed. Og den er kun potentiel naturarv i den aldrig totale udstrækning, den kan gøres eller rettere *lader sig gøre* til genstand for menneskelig virksomhed.

Det mere eller mindre kultiverede landområde i form af fx landbrugsjord, forvaltet skovområde, domesticerede husdyr samt pryd- og nyttehaver lader sig nok uden vanskeligheder klassificere som naturarv. Vanskeligere er det sikkert at indse, at den mere eller mindre, såkaldt uberørte natur kan være naturarv. Men det kan den for det første som det, der er ladt tilbage efter fx et statsligt, geografisk landområdes kultivering og domesticering af jord og dyr; nemlig som det, der af den ene eller anden grund ikke er kultiveret eller domesticeret. Enhver sådan grund kan så at sige gøre denne natur til naturarv, nemlig som en slags negativ, tankeartet (bevidst eller ubevidst) 'tilegnelse' af natur, fx igennem begrundelser som: "Vore redskaber er ikke tilstrækkeligt gode til at opdyrke den pågældende jord (fx heden)", eller: "Når vi til daglig færdes i byernes betonørkener har vi mennesker af rekreative grunde behov for at kunne komme ud i noget uberørt natur".

For det andet kan 'uberørt natur' være naturarv i naturvidenskabelige og filosofiske teorier derom –

naturvidenskabelige eller -historiske museers virksomhed kan tilhøre sådan eller lignende form for bearbejdelse af den 'uberørte natur' – eller i kunstneriske tolkninger heraf.

Naturvidenskabelige og -historiske museer er således også kulturarvsinstitutioner.

Ikke barbarisk

Fastholdes det således, at kulturarv knytter sig til sporene efter menneskelig virksomhed uanset af hvilken art, denne virksomhed måtte være, så turde det fremgå, at *barbarisk virksomhed ikke i sig selv kan være del af en genuin kulturarv.* Barbari kan altså ikke *i sig selv* være kulturarv, idet alt barbari er imod nøjagtig den *ånd*, som kulturen modsat er udtryk for bestræbelsen hen imod. At kalde udryddelseslejren i Auschwitz i sig selv for et stykke kulturarv turde være absurd – snarere end 'arv' efterlader lejren 'gæld', der bør 'betales af' på igennem analytisk, oplysningsmæssig og pædagogisk bearbejdelse og virksomhed, til den vestlige, ja til al kultur, der vil gøre sig fortjent til dette navn. Derimod er fx den kritiske bearbejdelse af Auschwitz i litteratur, videnskab og filosofi samt denne bearbejdelses rolle i afnazificeringen af det tyske samfund efter *Anden Verdenskrig* i endog meget høj grad at betragte som kulturarv, så at sige som led i åndens eller oplysningens (gen)oprettelse, i princippet på verdensplan. *Barbari lader sig altså integrere i kulturarven, men kun som refleksionsgrundlag og som genstand for oplyst kritik.* Forståelse[xcvi] – der til gengæld bør være til det yderste intim – af barbari kan således kun optræde som et moment i denne kritik.

Denne indskrænkning af kulturarvsbegrebets omfang har som en central konsekvens, at barbari i sig selv ikke 'værdineutralt' kan sidestilles med kultur eller inkluderes som fuldstændig ligeberettiget del af denne. Det at godtage barbari i sig selv som kultur kan ikke hævde sig en status som værdineutralt, langt snarere betyder det en nedvurdering af kultur og en tilsvarende opskrivning af barbariets status. Dette betyder imidlertid ikke, at begrebet barbari eller fx en tings eller et samfunds grad af barbari ikke lader sig diskutere; det, som må ligge fast, er det, at *kulturarv ikke kan bestå i noget isoleret set barbarisk, idet den første altid er præget af en iboende bestræbelse hen imod humanitet og retfærd, en bestræbelse, der – helt legitimt – kan være nok så fejlbehæftet, mens det sidste altovervejende eller så at sige substantielt bærer præg af umenneskelighed og uret.*

Selv om der også 'på bunden' af ethvert manifesteret barbari uden nogen tvivl lader sig afdække en latent, eventuelt desperat bestræbelse hen imod et bedre liv, lader dette manifesterede barbari sig ikke

105

meningsfuldt kalde kultur. Barbariets latente 'kulturbestræbelse' må først afdækkes igennem (barbari)kritisk forskning og erkendelse.

Det skal understreges, at det her fremhævede skel imellem det, vi respektive har kaldt menneskelighed og umenneskelighed, ikke er absolut og dualistisk. Man kan vel sige det kort sådan, at menneskelighed historisk betragtet har sin grund i menneskehedens overvindelse af sin egen, oprindelige, men af selvopholdelsesårsager historisk ganske forståelige 'umenneskelighed', mens umenneskeligheden altså i kimform indeholder muligheden for, men ikke nødvendigheden af mere menneskelighed. Humanitet er således, fylogenetisk såvel som ontogenetisk betragtet, transformation af egen inhumanitet og indeholder dermed altid i en vis forstand inhumaniteten i sig, i bedste fald som transformeret til relativt velkonsolideret humanitet, i værste som latent større mulighed for tilbagefald i inhumanitet.

Yderligere nogle bemærkninger om forholdet mellem kultur og barbari synes imidlertid påkrævede i bestræbelsen på at undgå misforståelser.

Som påpeget af de tyske filosoffer Max Horkheimer og Theodor W. Adorno i bogen *Oplysningens dialektik* (*Dialektik der Aufklärung* fra 1944, først udkommet på dansk i 1972 i Per Øhrgaards fortræffelige oversættelse) har den vestlige kultur foruden sit substantielle, oplysende moment tillige et iboende moment af barbari, nemlig tendensen til, igennem sin civilisatorisk intenderede beherskelse af naturen – den ydre såvel som den menneskelige – , at undertrykke denne, idet kulturen over- eller merbeherskser naturen, så at sige i en effektivitetens ånd, der nødig vil lade noget være ubehersket. Det er en tendens til, om man vil, at sætte orden over frihed, som ingen kultur kan sige sig helt fri for, men som den kulturelle bestræbelse immervæk må søge at modvirke igennem en slags münchhausensk manøvre ved 'at trække sig selv op ved håret', eller ved at arbejde og tænke imod sig selv, imod sin egen ikke uanselige, barbariske tilbøjelighed, som det kan siges med en omskrivning af Adorno.

I dette lys skal desuden en blot tilsyneladende barbarisk, men reelt kulturkritisk tendens ses, nemlig en tendens i kunsten ikke mindst i 1900-tallets første halvdel til at fremhæve noget primitivt som modsætning til (den vestlige) kultur, fx hos Paul Gauguin og i dadaismen. Denne tendens må imidlertid snarest tydes som led i en kulturel bestræbelse, der netop er kritisk i forhold til en (natur)undertrykkende og fortrængende kultur (eller 'kultur') og ønsker kulturen i overensstemmelse med, hvad der må kaldes dennes autentiske formål, nemlig sådan noget som et godt liv for alle.

Endelig skal det bemærkes, at ingen kultur, der kritiserer en anden for barbari, kan unddrage sig diskussion af sit eget eventuelt barbariske indhold, fx med henvisning til sine egne, urørlige traditioner eller andet rent kulturrelativistisk argument. En kinesisk kritik af vestligt barbari kunne således, som et tænkt eksempel, rigtignok være berettiget, men på den anden side ville sådan kritik ikke kunne unddrage sig diskussion og kritisk granskning af sin egen, legitime berettigelse.

Foranderlig i sin kontekst

Det kan med megen ret hævdes, at *det, der måtte være kulturarv i sin egenskab af spor af det menneskelige, altid og uophæveligt vil være det og i denne forstand er uforanderligt. Hvad, der imidlertid er historisk og på anden vis foranderligt, er de konkrete sammenhænge eller kontekster og de interpretationer, hvori det pågældende stof indgår, samt det pågældende stofs grad af relevans i varierende sammenhænge* – dette sidste har ikke mindst betydning i institutionel sammenhæng, fx for et museums anskaffelse af artefakter eller genstande og valg af udstillingstemaer.

Den tyske filosof G.W.F. Hegel (1770-1831) taler således om "fornuftens list" ("Die List der Vernunft"), altså om det, at historiens aktører, igennem kritisable eller ligefrem forkastelige handlinger på tidspunktet for deres udførelse, på længere sigt kan have fremmet humane tilstande. Napoleons erobringer af og altså overgreb imod andre europæiske lande kan på den måde hævdes at have fremmet accepten af almene menneskerettigheder. Hvad der altså på Napoleons levetid i et vist perspektiv kunne se ud som tyranniske overgreb – og utvivlsomt i realiteten også var det –, kan på længere historisk sigt også hævdes at have fremmet humane tilstande i hvert fald i den vestlige verden. Dette betyder ingenlunde, at Napoleons handlinger er retfærdiggjort, det betyder derimod, at hans handlinger i dag dårligt kan frakendes en civilisatorisk indflydelse.

Den tyske historiker Leopold von Rankes (1795-1886) bekendte formål for den historiske videnskab, at den værdifrit skulle vise, "wie es eigentlich gewesen ist", dvs., hvordan det nøjagtigt var på den tid, da begivenheden indtraf og ikke i forskerens samtid, lader sig således ikke opretholde. Hvordan det var engang, afhænger ikke mindst af eftertiden og dens perspektiv på begivenheden; dels idet de mulige og (langt) senere realiserede følger af begivenheden, der først – for nogles, men ikke for andres, vedkommende –, realiseres i og erkendes som realiserede af eftertiden, også er en væsentlig del af, "hvordan det var", nemlig som de fortidige begivenheders iboende potentialitet, og dels fordi en eventuelt langt senere eftertids aktive forholden sig til begivenheden og dens følger viser sig post festum også at være en konstitutiv del af, hvordan det var. Den fortidige begivenhed kan man med andre ord kun forholde sig til i en til enhver tid nutidig, foranderlig optik, og et "egentligt", invariabelt, rent fortidigt "hvordan det var" gives derfor ikke.

Fremtidsrettet

Et genuint filosofisk perspektiv på kulturarven turde være at fremhæve dennes betydning for kulturen eller det at betragte den i et kulturens lys; sagt på en anden måde: et genuint filosofisk perspektiv på kulturarven må være kritisk befordring af humanitet eller, udtrykt på negativ vis, fornægtelse af uret, uanset det pågældende stykke kulturarvs beskaffenhed i sig selv, uagtet om dette måtte være humant eller mindre humant af karakter. Imidlertid bør den, der beskæftiger sig med kulturarv, på ingen måde være moralistisk, rigoristisk, fordømmende endsige dæmoniserende på fortidens vegne, idet en sådan relation til stoffet ville tendere hen imod det inhumane, menneskers uomgængelige fejlagtighed, uvidenhed og udsathed for mere eller mindre betydeligt pres fra forskellige indre og ydre kilder samt andre mere eller mindre forståelige omstændigheder ikke mindst taget i betragtning. Langt snarere bør historikeren og andre kulturarvsbeskæftigede utvivlsomt søge at opnå – og eventuelt formidle – *kritisk erkendelse af materialet med henblik på fremtiden.*

Kulturel dannelse

Kulturarvens iboende formål er at give kendskab til, erkendelse af og oplysning om kultur samt at befordre denne. Kulturarven kan ikke gå på kompromis med dette formål og lader sig således ikke legitimt spænde for nogen ideologisk, religiøs, politisk, privat- eller offentligt økonomisk interesseret vogn eller anden interesse, der ikke emfatisk og uafhængigt har det nævnte formål.

Kulturarv har således ikke nogen funktion ud over sig selv eller rettere: ud over, hvad man kunne kalde kulturel dannelse, der vel at mærke intet har at gøre med sådan noget som pæne manerer, honnette ambitioner eller snobbisme, men derimod en væsentlig del at gøre med øget indsigt i mulighederne for et godt liv for alle uden undtagelse.

Kulturarv lader sig ikke forvandle til instrument for andre interesser eller formål. Et eksempel på kulturarvs formål og ikke-formål: den danske folkeskole har i dag bl.a. til opgave at give oplysning om kristendommen, derimod har den ikke til opgave at forkynde denne tro. Skolen skal således så at sige respektere kulturarvens inhærente formål om belysning af og oplysning om denne, der væsentligt leverer et på den måde ubestemt fundament for den enkeltes eget valg. Bruges kulturarven derimod som forkyndelse, elimineres dens i egenskab af kulturarv essentielle, kritisk oplysende bestemmelse.

108

Erkendelse af kulturens barbariske moment

De i denne afhandlings sammenhæng centrale skrifter af historiefilosofferne Friedrich Nietzsche og Walter Benjamin, som er behandlet i *Kapitel 8*, kan siges at fremføre den påstand, som jeg ikke er uenig i, at *der ikke gives nogen ren kulturarv i den forstand, at al kulturarv og overlevering af denne hidtil i sig bærer et ovenikøbet fremherskende moment af barbari.* Denne opfattelse er udtalt hos begge, men ikke mindst hos Benjamin, fx i denne 7. af hans historiefilosofiske teser: "Der findes ikke noget kulturdokument, der ikke samtidig dokumenterer barbari. Og lige så lidt som dokumentet er den overleveringsproces, der giver det videre som arv fra den ene til den anden, uden barbari".[xcvii] Dette indebærer for det første som en konsekvens, at det kun dårligt, hvis overhovedet, lader sig gøre legitimt at fremstille et entydigt positivt, lydefrit civiliseret billede af nogen kulturarv, for denne er aldrig i sig selv indehaver af disse egenskaber. Og for det andet betyder det, at det er det barbari, der ligesom overlejrer al kulturarv og dennes overlevering, der af enhver – og det vil i princippet sige af alle mennesker –, der har med kulturarv at gøre, først af alt må gøres til genstand for analytisk bearbejdelse og kritik.

Man kan også beskrive dette forhold sådan, at den positive fremstilling af en given kulturarv negligerer den helt centrale kritik af dennes iboende barbari, mens den negative fremstilling, bevidst imod kulturens egne, iboende, repressive momenter, bestræber sig på at være eller blive en slags kulturens og kulturarvens talsperson via den immanente kritik af kulturarvens barbariske momenter. At denne kritik er immanent vil sige, at den ikke er en udefra kommende, fx ideologisk, kritik, men derimod en kritik, som den pågældende kulturarv kan siges at være bærer af i sig selv, og som desuden vil være kompromisløst kritisk i forhold til sine egne forudsætninger.

Igen kan det ellers gedigne stykke kulturarv, som sproget er, trækkes frem til belysning af den ovenfor behandlede tese om kulturens og kulturarvens iboende barbari. I det danske sprog og i øvrigt i de germanske, romanske og slaviske sprog, jeg kender til, kan man hævde, at almenbegrebet realiter har forrang frem for det singulære; fx er individet A traditionelt set ikke først og fremmest sig selv, men en hest, dvs. underordnet almenbegrebet hest. Ser man fx en hest med to haler, er den ikke for en rigtig hest at regne, for to haler hører ikke med til definitionen af hest. Det enkelte individ er på den måde underordnet det almene og altså installeret i et tvangsforhold til dette almene, der som en yderste konsekvens kan vrage det enkelte individ på baggrund af den alment gældende definition.

Genuin kulturarv kan altså først og fremmest det regnes for, som er erkendelse af dennes barbariske moment. Den materielle og den immaterielle kulturarv er på den måde kun at anse for sådanne som erkendte.

Hverken essens eller konstrukt

Kulturarv er på den ene side ikke at betragte som en essens, der til hver en tid er den samme; den øges og forandrer sig med tiden og forandres med eftertidens divergerende perspektiver. Tilsvarende kan siges med hensyn til kulturarvens forhold til kategorien *stedet*.

Noget rent konstrukt er kulturarv på den anden side heller ikke, idet den dels har en for den erkendende forpligtende materiel eller immateriel side, dels ikke lader sig adskille fra ikke mindst sin – rigtignok historisk foranderlige – modsætning til barbari.

Analogt hertil lader det sig med hensyn til nabomodsætningsparret (kultur)relativisme[xcviii] og (kultur)absolutisme sige, at begreberne kulturarv og kultur ikke dækkes af hverken det første eller det andet af disse begreber.

Ordet kulturarv ikke uproblematisk

Ordet kulturarv er ikke uproblematisk. For det første er det misvisende, da der ingen legitim testator af kulturarven og intet testamente findes. Disse fravær indikerer, hvad der på den anden side uden tvivl kan kaldes positivt, men som dog står i modsætning til arve-ordets semantik, ethvert menneskes adkomst til at hævde sin ret til kulturarven og til tydningen heraf. For det andet konnoterer ordet noget entydigt positivt, idet arv som et utvivlsomt gode sprogligt *står i modsætning til gæld*, hvilket synes at kunne begrunde en kritik af kulturarvs-ordet og brugen af dette som ideologisk, for det første idet al kulturarv de facto indeholder et negativt moment, og for det andet fordi brugen af ordet notorisk har fortrængt ordets modsætning, nemlig *kulturgæld*, fra anvendelse.

Næppe nogen kan være i tvivl om, at kulturarvs-ordet har vundet almindeligt indpas også i det danske sprog og ovenikøbet ikke blot er blevet institutionsfähig, men ligefrem reelt institutionaliseret, tilmed videnskabeligt; fx findes der i Danmark i dag et *Nationalt Videncenter for Historie- og Kulturarvsformidling*. Alene derfor synes et ønske om at finde et bedre egnet ord på forhånd at ville vise sig forgæves, at være en slags kamp imod vejrmøller – nytteløs og i øvrigt imod en indbildt uting, eftersom denne i virkeligheden er harmløs. Men helt så harmløst er ordet, som også ovenfor antydet, måske imidlertid ikke, idet det let kan give associationer i retning af lukkethed på forskellige områder: som vægring imod det nye og imod selvstændig tænkning, som geografisk lukkethed, som etnisk lukkethed og som fornægtelse af det negative, 'kulturgælden'. Af disse grunde vil det, trods de dårlige odds, alligevel her blive forsøgt at overveje alternativer til kulturarvs-ordet.

Ordet historie har en valør, der på sæt og vis er mere nøgtern – skønt intet ord med føje kan hævde sin neutralitet – end ordet kulturarv, idet historie uden forskel i princippet behandler positivt og negativt og ikke af princip fremhæver det ene frem for det andet, foruden at ordet er en solidt indarbejdet videnskabelig term, som kulturarvs-ordet i nogle sammenhænge synes at afløse eller supplere og næppe af uafviselig nødvendighed. Ordet historie kan således med rimelighed og uden nostalgi genindsættes på sin også hævdvundne plads til trods for, at ordet ikke siger noget nærmere bestemt om den historiske erkendelse.

En sådan nærmere verbal påpegning af substansen i den historiske erkendelse kan findes i forlængelse af den bestemmelse af kulturarven/historien, at denne primært er erkendelse af dens barbariske moment eller dens moment af uret. Efter *Anden Verdenskrig* foranstaltedes i Vesttyskland det, som man betegnede *Vergangenheitsbewältigung*, der drejer sig om ret at komme overens med eller at afklare den prekære nazistiske fortid, dvs. en klar kritisk forholden sig til det barbariske moment i den nære tyske fortid med henblik på at drage lære af den for fremtiden. Skønt ikke alle lande har en fortid som den tyske, er der uden tvivl en almen lære at drage af denne tyske foranstaltning, og det kunne uden tvivl være ønskværdigt i hvert fald i flere kulturarvssammenhænge at bruge en oversættelse af det tyske ord som *fortidsafklaring* eller *fortidserkendelse*. Ikke mindst disse ords mangel på mundrethed vil dog sikkert tale imod deres bredere anvendelse.

Hvorom alting er, kunne det utvivlsomt være passende, ikke mindst for professionelle, kritisk at overveje det tendentiøse i ordet kulturarv – man kunne eksempelvis og eventuelt i forskelligartede sammenhænge også overveje ord som kulturting, kulturstof og kulturfrembringelse.

Bemærkninger om kulturarvsinstitutioners, herunder museers, mulige forhold til det her fremstillede kulturarvsbegreb

De eventuelt institutionsmæssige konsekvenser af denne afhandlings analyser er det ikke op til denne forfatter, der ikke virker inden for de egentlige kulturarvsfag hverken på eller uden for en institution, at drage. Det overlader jeg gerne til det kvalificerede personale på institutionerne. Ikke desto mindre vil jeg dog tro, at læsere af afhandlingen kunne ønske sig et par beskedne fingerpeg angående retningen for kulturarvsinstitutioner.

Ikke nok så mange institutioner tilsammen, herunder museer, ville på nogen måde i bogstavelig forstand have mulighed for at rumme, indsamle eller analytisk bearbejde alle kulturarvsemner, det er en fysisk og ontologisk umulighed. Væsentlighedskriteriet turde derfor være af afgørende betydning for ikke mindst museers virksomhed, og måske især for disses formidlingsvirksomhed.

Væsentligt er det først og fremmest, hvad den fortidige ting eller det fortidige emne har at berette til den eftertid, som den i sin egenskab af såkaldt kulturarv så at sige altid taler til.

Problemet angående det begrænsede antal kulturarvsemner, en kulturarvsinstitution kan tage sig af og behandle, i forhold til disses uendelige mængde, kunne sikkert med rimelighed håndteres fx igennem antagelsen af *et modificeret monadebegreb* – en betegnelse, der her er brugt frit efter den tyske filosof G.W. Leibniz (1646-1716).

Hos Leibniz er en monade en idéartet ting eller entitet, der foruden at være sig selv også indeholder et spejlbillede af alle andre ting. I nærværende sammenhæng skal dette begreb betyde, at den enkelte ting eller en udstillings konstellation af ting og andre emner med en vis rimelighed kan siges at indeholde eller stå for noget mere alment i en eller anden grad. Ikke blot betyder begrebet, i mere simpel forstand, eksempelvis det, at én Madam Blå kan betyde alle Madam Blå, men i højere grad fx det, at en vestindisk slaves fodlænke kan 'indeholde' eller symbolisere centrale dele af slavehold og slavepolitik i 16-1700-årene. Sagt på en anden måde: det er selvsagt umuligt at udstille fortidens handlinger, der altså har fundet sted og er irreversible, på et museum eller andre steder eller at klæbe dem ind i en bog; men det lader sig gøre ad forskningens, erkendelsens og formidlingens veje at få et rekonstrueret begreb og en ditto forestilling om dem.

Hvad der måtte være væsentligt for det enkelte museum af udstillingstemaer, er således også særdeles åbent, idet alle potentielle udstillingsemner har noget tilsvarende mere alment i sig, men altså i varierende grad, som ovenfor antydet. Ekspertisen samt mere subjektive – men principielt helt legitime – ideer og evner hos museets kulturarvsfaglige medarbejdere kan ligeledes spille en afgørende og væsentlig rolle. Og det samme kan museets geografiske tilknytning.

Slutbemærkning

"Når jeg hører ordet kultur, trækker jeg min revolver!" Med dette dictum (der med substantiel, om end ikke nødvendigvis historisk, ret tilskrives ham) leverede den tyske topnazist Hermann Göring, en af de medvirkende til nogle af historiens mest barbariske beslutninger og handlinger, vel et af de bedste

argumenter for den kulturarvsrelevante, relative modstilling af begreberne kultur og barbari – en modstilling, der ovenikøbet på ægte barbarisk vis absoluteres i citatet til fordel for det rene barbari! Desuden leverer han her et vel nok uovertruffet, men rigtignok uintenderet argument for dels at udøve grundig, kompromisløs, oplysende kritisk analyse af barbari, ikke mindst i dets moderne udgaver, dels for den dertil svarende og kritikken iboende bestræbelse hen imod (bedre) kultur, hvilken også turde være formål for kulturarven.

ABSTRACT IN ENGLISH

This thesis first and foremost is attempting to pose *a philosophical notion of cultural heritage* ('cultural heritage' in Danish is: *kulturarv*).

The notion of cultural heritage as applied in this present thesis, shortly put is determined as follows: *the traces attached to human activity, whether physical or mental.*

By the thesis' researching and scrutinizing the notion the outcome has occurred, that *barbaric factors or moments* – as relatively or rather dialectically opposed to human ones – *solely in themselves*, for instance in the forms of events, performances, objects, statements, pictures and texts, *aren't in a state, where they should be considered as genuine cultural heritage*. Conversely, in order to become considered as more genuine cultural heritage, the *barbaric factors – presumably as the most important task concerning cultural heritage – consecutively should have to be criticized and recognized* as barbaric, so to speak as lessons to the posterity of *all mankind*. One should be aware, however, that this characteristic of cultural heritage definitely not excludes disagreement on the question nor the discussion of what is barbarianism. But anyway, the contents of the notion 'cultural heritage' cannot possibly be neutral.

Cultural heritage is *no unchangeable essence*; on the contrary it varies for instance with different time, place and perspective. *Neither, however, it is a pure construct*, as it includes a committing, even prevailing material or immaterial quality. So one could claim the concept of cultural heritage a *dialectical* one.

The thesis also includes the momentous theory, that the inherent, essential but not necessarily actually empirical end of cultural heritage is this: namely *providing knowledge and illumination to humankind with reference to future living as a foundation of the human individuals' own recognition of culture.*

The aim of cultural heritage mainly is theoretical, that is *recognition of culture*, rather than a practical or instrumental one.

LITTERATUR[xcix]

Alternativet: Partiprogram. https://alternativet.dk/politik/partiprogram

Amnesty International: FN's Verdenserklæring om menneskerettighederne. https://amnesty.dk/om-amnesty/fns-verdenserklaering-om-menneskerettigheder

Benjamin, Walter (1940, dansk): Om historiebegrebet. Oversat af Peter Madsen. Trykt af Gyldendal 1998 i bogen *Kulturkritiske essays*.
http://www.thisworldwemustleave.dk/Walter%20Benjamin%20Om%20Historiebegrebet.pdf

Benjamin, Walter (1940, tysk): Über den Begriff der Geschichte. http://www.textlog.de/benjamin-begriff-geschichte.html

Bille, Mikkel og Sørensen, Tim Flohr (2012): Materialitet. En indføring i kultur, identitet og teknologi. Frederiksberg

Blue Shield: Blue Shield. https://blueshield.dk/

Dansk Folkeparti: Principprogram. https://danskfolkeparti.dk/politik/principprogram

Danske Ordbog, Den: Kulturarv. http://ordnet.dk/ddo/ordbog?query=kulturarv

Daugbjerg, Mads (2011): Kulturarvens grundspænding mellem nationale og globale strømme. In: Kulturstudier årg. 2, nr. 1 (2011). https://tidsskrift.dk/fn/article/view/5188/4569; hentet 16.3.2018

Enhedslisten: Hvad mener Enhedslisten om kultur? http://org.enhedslisten.dk/71639

Hastrup, Kirsten (2006): Den uhåndgribelige kulturarv – En konvention til debat, in: Kulturministeriets Forskningsudvalg (2006): Begrebet immateriel kulturarv. https://kum.dk/uploads/tx_templavoila/Begrebet immateriel kulturarv.pdf; hentet 15.3.2018.

Jensen, Bernard Eric (2008): Kulturarv – et identitetspolitisk konfliktfelt. København

Jensen, Mette Bjerrum (2004): Kulturarv i fremtiden?
http://www.archaeology.dk/upl/13090/AF105.MetteBjerrumJensen.
pdf

Jensen, Mette Bjerrum (2009): Kulturarven og myten om den historiske identitet. En diskursanalyse af arkæologiens rolle i det senmoderne samfund. Ph.d.-afhandling.
https://mkbjerrum.files.wordpress.com/2009/10/phdafhandling_mettebjerrumjensen.pdf

Jonsson, Leif (2010): Indledning til artikelsamlingen Astrid Lindgrens Världar i Vimmerby.
https://books.google.dk/

Kalmar Läns Museum: Vad är tillämpat kulturarv?
http://tillampatkulturarv.kalmarlansmuseum.se/vad-ar-kulturarv/

Kgl. Bibliotek, Det: Kulturarv. https://www.statsbiblioteket.dk/nationalbibliotek/kulturarv

Konservative Folkeparti, Det: Partiprogram. https://konservative.dk/politik/vores-partiprogram
Kristendemokraterne: Kultur. https://www.kd.dk/det-mener-kd.html

Kulturministeriet: Kulturarv. https://kum.dk/kulturpolitik/kulturarv

Liberal Alliance: Kulturpolitik. https://www.liberalalliance.dk/emne/kulturpolitik

Melander, Anna (2014): Kulturarv som begrepp och realitet.
http://www3.kau.se/kurstorg/files/c/5AE5C24A0ce4e3222FJlrVDA2851/C-uppsats%20Anna%20Melander.pdf

Nietzsche, Friedrich (1962): Vom Nutzen und Nachteil der Historie. Stuttgart

Nietzsche, Friedrich (1994): Historiens nytte. På dansk ved Helge Hultberg. Tekstrevision Jens Erik Kristensen og Lars-Henrik Schmidt. København

Nye Borgerlige: Medie- og kulturpolitik. https://nyeborgerlige.dk/politik/medie-og-kulturpolitik

Nye Borgerlige: Principprogram. https://nyeborgerlige.dk/principprogram

Radikale Venstre, Det: Kultur. https://www.radikale.dk/content/kultur

Retsinformation: Bekendtgørelse af Museumsloven.
https://www.retsinformation.dk/Forms/R0710.aspx?id=12017

Retsinformation: Haag-konventionen. https://www.retsinformation.dk/forms/R0710.aspx?id=23013

Retsinformation: Lov om ændring af museumsloven.
https://www.retsinformation.dk/Forms/R0710.aspx?id=144939

SF: Bevaring af kulturarven. http://www.kulturpolitik.dk/bevaring-af-kulturarven-3/

SF: Kulturel offensiv. http://www.kulturpolitik.dk/kulturelt-offensiv

SF: Principprogram. http://sf.dk/media/4149/principprogram-vedtaget-af-landsmoedet-150412original.pdf

SF: SF's kulturpolitiske pejlemærker. http://www.kulturpolitik.dk/socialistisk-folkepartis-kulturpolitiske-pejlemaerker/

Slots- og Kulturstyrelsen:
Hvad er kulturarv. https://slks.dk/kommuner-plan-arkitektur/lokalplaner-og-kulturarv/lokalplaner-guide/2-hvad-er- kulturarv

Socialdemokratiet: Principprogram. http://www.socialdemokratiet.dk/media/6554/socialdemokratiets-principprogram-faelles-om-danmark.pdf

Store Danske, Den: Kulturarv. http://denstoredanske.dk/index.php?sideId=112090. Med flere opslag.

Synonymer.se: Vad betyder kulturarv? https://www.synonymer.se/sv-syn/kulturarv

Foretagensarkiv.se: Kulturarv. http://www.foretagensarkiv.se/kulturarv.html

UNESCO: Konventionen af 1972. http://whc.unesco.org/en/conventiontext/

UNESCO: Konventionen af 2003. https://ich.unesco.org/en/convention

Venstre: Principprogram. http://www.venstre.dk/politik/principprogram/kultur-giver-faellesskab

Vesthimmerlands Museum: Vores kulturarv. http://www.voreskulturarv.dk/

Wikipedia: Kulturarv (dansk, norsk, svensk, tysk, fransk, engelsk og italiensk version)

NOTER

i https://www.andersenstories.com/da/andersen_fortaellinger/prinsessen_pa_aerten. Hentet 9.7.2018.

ii Jf. Benjamin (1940).

iii Carsten Jensen: kultur i *Den Store Danske*, Gyldendal. Hentet 27. maj 2018 fra http://denstoredanske.dk/index.php?sideId=112086

iv I Danmark finder vi første gang ordet som opslagsord i *Retskrivningsordbogen* i 1986, og i lovsammenhæng i *Museumsloven* i 1984. Jf. Bille og Flohr Sørensen (2012).

v Jf. hertil B.E. Jensen 2008, s. 27-34.

vi Man kan gisne om, hvorfor ordet og begrebet kulturarv ikke dukker op i renæssancen. Jeg skimter to mulige grunde. Den første er den, at man ønskede et helt frit forhold til antikkens kultur, et forhold, som altså ikke skulle være trælbundet af det, der blev givet videre fra antikken. Den anden grund, som nok kan være mere sandsynlig, er den, at en forpligtethed på arven fra fortiden også ville indebære en forpligtethed på den middelalderkultur og den angiveligt nordeuropæisk prægede 'gotik', som (den italienske) renæssancekulturs bærere jo modsætningsvis ville gøre radikalt op med og altså ikke så som en arv, man ville påtage sig.

vii https://amnesty.dk/om-amnesty/fns-verdenserklaering-om-menneskerettigheder; hentet 8.2.2018.

viii https://www.retsinformation.dk/forms/R0710.aspx?id=23013; hentet 13.2.2018. Den internationale, politisk uafhængige organisation *Blue Shield*, der har en dansk afdeling, har et centralt pejlemærke for sin virksomhed i Haag-konventionen. *Blue Shield Danmark* præsenterer sig selv på denne måde:
"Vi arbejder før, under og efter krisesituationer for at sikre kulturværdier (kulturgenstande, kulturmiljøer og immateriel kultur).
Redning af menneskeliv går forud for Blue Shields arbejde, men sikring af kulturværdier er vigtig, fordi det er med til at skabe rammerne for menneskers liv, glæde og selvforståelse.
Derfor samarbejder vi med humanitære organisationer, offentlige instanser og forskellige aktører for at sikre, at der er noget at vende tilbage til, når kriser, krige eller naturkatastrofer m.m. er overstået".
Se om *Blue Shield Danmark* på: https://blueshield.dk/; hentet 13.2.2018.

ix Haag-konventionen drejer sig de jure om de kulturværdier, der senere, fra og med UNESCO-konventionen af 1972, kaldes for materiel kulturarv. Haag-konventionens definition af disse såkaldte kulturværdier *(Artikel 1)* følger her:
"I denne konventions forstand skal betegnelsen "kulturværdier" uden hensyn til oprindelse og ejendomsret omfatte:
a) Flytbare og ikke-flytbare værdier af afgørende betydning for alle folkeslags kulturarv, såsom mindesmærker, kirkelige eller verdslige, af arkitektonisk, kunstnerisk eller historisk art; arkæologiske steder; grupper af bygninger, der som helhed er af historisk eller kunstnerisk interesse; kunstværker; manuskripter, bøger og andre genstande af kunstnerisk, historisk eller arkæologisk interesse; såvel som videnskabelige samlinger og vigtige samlinger af bøger eller arkiver eller af reproduktioner af de genstande, som er beskrevet ovenfor.
b) Bygninger, hvis hovedformål er at tjene som opbevarings- og udstillingssted for flytbare kulturværdier af den art, som er defineret i stykke a) ovenfor, og som faktisk tjener dette formål, herunder museer, store biblioteker, arkivlokaler og beskyttelsesrum, som i tilfælde af væbnet konflikt skal give ly for flytbare kulturværdier af den art, som er defineret i stykke a) ovenfor.
c) Centre, der rummer et anseligt antal af sådanne kulturværdier, som er beskrevet i stykke a) og b) ovenfor, og som i det følgende kaldes "centre for kulturmindesmærker"".

x Konventionens fulde titel er: "Convention Concerning the Protection of the World Cultural and Natural Heritage". (http://whc.unesco.org/en/conventiontext/; hentet 11.2.2018).

xi Kriterierne (2005) for at udpeges som verdenskulturarv er disse:
(i) to represent a masterpiece of human creative genius;
(ii) to exhibit an important interchange of human values, over a span of time or within a cultural area of the world, on developments in architecture or technology, monumental arts, town-planning or landscape design;
(iii) to bear a unique or at least exceptional testimony to a cultural tradition or to a civilization which is living or which has disappeared;
(iv) to be an outstanding example of a type of building, architectural or technological ensemble or landscape which illustrates (a) significant stage(s) in human history;
(v) to be an outstanding example of a traditional human settlement, land-use, or sea-use which is representative of a culture (or cultures), or human interaction with the environment especially when it has become vulnerable under the impact of irreversible change;
(vi) to be directly or tangibly associated with events or living traditions, with ideas, or with beliefs, with artistic and literary works of outstanding universal significance. (The Committee considers that this criterion should preferably be used in conjunction with other criteria).

xii Konventionens fulde titel er: "Text of the Convention for the Safeguarding of the Intangible Cultural Heritage". (https://ich.unesco.org/en/convention; hentet 12.2.2018).

xiii Arkæologen Mette Bjerrum Jensen siger imidlertid på basis af *Brundtland-rapporten* (1987) om bæredygtighedsbegrebet i forbindelse med kulturarven:
"Det centrale budskab i bæredygtighedsbegrebet er således tosidigt: for det første skal samfundsudviklingen ske på et grundlag, der tager hensyn til, at ressourcerne er begrænsede og kan forsvinde ved for ekstensiv udnyttelse. For det andet skal man tage hensyn til de kommende generationer og derfor ikke udnytte ressourcerne i en grad, så de kun kommer os til gode.
Bæredygtig kulturarvs- og kulturmiljøpolitik er derfor en politik, der anerkender, at de kulturhistoriske ressourcer (også kaldet kildematerialet) forsvinder ved ekstensiv dyrkning, omstrukturering og anlægsarbejder i landskabet, og som derfor sørger for at sikre kulturspor for fremtidens generationer". (Mette Bjerrum Jensen (2004). http://www.archaeology.dk/upl/13090/AF105.MetteBjerrumJensen.pdf; hentet 19.3.2018.

xiv I det hele taget er kulturarven som *truet* en konnotation til begrebet, som givetvis ofte spiller med; jf. hertil Mads Daugbjergs iagttagelse: "Når kulturarvsbegrebet nu om dage dukker op i pressen, sker det meget ofte netop i tilfælde, hvor materielle værdier trues af forfald, destruktion eller plyndring – som fx efter Irakkrigen i 2003 eller i den aktuelle kritik af den italienske kulturpolitik, der tillader Colosseum og andre ikoniske bygningsværker at forfalde". (Mads Daugbjerg (2011)).

xv https://www.retsinformation.dk/Forms/R0710.aspx?id=12017; hentet 30.1.2018.

xvi https://www.retsinformation.dk/Forms/R0710.aspx?id=144939; hentet 30.1.2018.

xvii https://kum.dk/kulturpolitik/kulturarv/; hentet 15.2.2018.

xviii https://slks.dk/kommuner-plan-arkitektur/lokalplaner-og-kulturarv/lokalplaner-guide/2-hvad-er-kulturarv; hentet 30.1.2018.

xix Denne udlægning af begrebet synes også at bekræftes af denne definition fra den daværende Kulturarvsstyrelses

hånd i 2009 (citeret på Vesthimmerlands Museums hjemmeside:

"Hvad er kulturarv?

Den danske kulturarv omfatter alt, hvad mennesket har efterladt sig gennem tiderne: strukturer, konstruktioner, bygningsgrupper, bopladser, grave og gravpladser, flytbare genstande og monumenter og den sammenhæng, hvori disse spor er anbragt. Det vil sige hele samfundsudviklingen frem til i dag.

I Danmark sondrer vi mellem den faste kulturarv (bygninger, broer, gravhøje), den løse kulturarv (genstande, som ofte opbevares på museer, i arkiver eller på biblioteker) og den immaterielle kulturarv (for eksempel egnsretter, folkeviser eller Bournonville-balletten).

Når kulturarven skal bevares

Det er ikke alt, vi vælger at bevare. Internationalt findes der konventioner om bevaring af verdenskulturarven, og på det nationale niveau har vi i Danmark museumslovgivningen og lovgivningen om fredning og bevaring af bygninger. På det lokale niveau arbejder vi også med at bevare kulturarven gennem den kommunale planlægning, når vi udpeger bevaringsværdige bygninger og kulturmiljøer". Jf. http://www.voreskulturarv.dk/; hentet 15.2.2018.

xx SK indholdsbestemmer i øvrigt (forsigtigt!) begrebet nærmere på denne måde:

"Begrebet kulturarv deles ofte i tre kategorier:

den flytbare kulturarv (fx genstande, der kan

indsamles og flyttes)

den faste kulturarv (fx bygninger og kulturmiljøer),

den immaterielle kulturarv (mere uhåndgribeligt, fx

traditioner, udtryk, vaner)".

xxi Et eksempel på, hvad kulturarv bl.a. konkret kan være af fortidigt og især nutidigt, giver *Det Kgl. Bibliotek* i det

følgende: "Som nationalbibliotek har Det Kgl. Bibliotek en vigtig opgave med at indsamle, bevare og formidle centrale dele af den danske kulturarv. Begrebet kulturarv spænder vidt – fra Jellingstenen til malerier og bøger – og opfattes hyppigt som værende genstande 'fra gamle dage'. Men kulturarv er også aktuelle kulturprodukter, fx dagens avis, det radioprogram der sendes lige nu, eller det blogindlæg som en borger i dette øjeblik publicerer på internettet. Som pligtafleveringsbibliotek er opgaven at indfange netop disse samtidige kulturudtryk og sikre dem for eftertiden. Ifølge Lov om pligtaflevering har biblioteket nemlig en særlig forpligtelse til at bevare danske aviser, audiovisuelle medier og internettet. Bibliotekets centrale kulturarvssamlinger udgøres derfor af landets største samling af aviser i Statens Avissamling og af Statens Mediesamling, som ud over et omfattende radio/tv- og reklamefilmarkiv også rummer en næsten komplet samling af grammofonplader, bånd og cd'er udgivet i Danmark siden år 1900. Hertil kommer Netarkivet, som rummer størstedelen af danske hjemmesider mv. offentliggjort siden 2005". (https://www.statsbiblioteket.dk/nationalbibliotek/kulturarv; hentet 1.2.18).

xxii Alle oversættelser i dette kapitel er mine.

xxiii Lene Otto: kulturarv i *Den Store Danske*, Gyldendal. Hentet 1. februar 2018 fra http://denstoredanske.dk/index.php?sideId=112090. Artiklen er senest redigeret i januar 2009.

xxiv http://ordnet.dk/ddo/ordbog?query=kulturarv. Hentet 5.2.2018.

xxv En ikke helt ulig opfattelse af kulturarven gav en taler udtryk for ved et kunstnerisk arrangement i Esbjerg i januar 2018, som jeg overværede, idet han mente, at kunst bliver kultur, såfremt den bifaldes eller 'omfavnes' af mange mennesker, og den blive endvidere kulturarv, hvis den bifaldes eller 'omfavnes' af flere generationer.

xxvi https://da.wikipedia.org/wiki/Kulturarv; hentet 6.2.2018.

xxvii **Cultural heritage** is the legacy of physical science artifacts and intangible attributes of a group or society that are inherited from past generations, maintained in the present and bestowed for the benefit of future generations. Cultural heritage includes tangible culture (such as buildings, monuments, landscapes, books, works of art, and artifacts), intangible culture (such as folklore, traditions, language, and knowledge), and natural heritage (including culturally significant landscapes, and biodiversity)". https://en.wikipedia.org/wiki/Cultural_heritage; hentet 6.2.2018 xxviii “Changing is the value each generation may place on the past and on the artifacts that link it to the past. (…) What one generation considers ‘cultural heritage’ may be rejected by the next generation, only to be revived by a subsequent generation” (ibid.).

xxix”Die Gesamtheit der menschlichen Kulturgüter wird als **kulturelles Erbe** oder **Kulturerbe** bezeichnet (englisch *cultural heritage*https://de.wikipedia.org/wiki/Kulturgut; hentet 8.2.2018.

xxx)”. ”Die Bezeichnung *Kulturgut* wird im deutschen Sprachraum vielfältig verwendet und umfasst sowohl bewegliche wie auch unbewegliche Güter. Kulturgüter sind in der Regel von archäologischer, geschichtlicher, literarischer, künstlerischer oder wissenschaftlicher Bedeutung. *Kulturgüter* oder *Kulturgut* können sowohl Bestände von Bibliotheken, Archiven und Museen als auch Bodendenkmäler und Gebäude sein (Baudenkmäler wie Kirchen, Klöster, Schlösser). Seit den 1960er-Jahren werden auch Werke der technischen Kultur verstärkt als Kulturgut anerkannt, beispielsweise historische Produktionsanlagen oder Verkehrsmittel. Kulturgüter stammen häufig aus der Hochkultur, sie können aber auch zur Volkskultur, der Alltagskultur oder Industriekultur gehören” (ibid.).

xxxi https://amnesty.dk/om-amnesty/fns-verdenserklaering-om-menneskerettigheder; hentet 8.2.2018.

xxxii”Le **patrimoine culturel** se définit comme l'ensemble des biens, ou matériels, ayant une importance artistique et/ou historique certaine, et qui appartiennent soit à une entité privée (personne, entreprise, association, etc.), soit à une entité publique (commune, département, région, pays, etc.)”. https://fr.wikipedia.org/wiki/Patrimoine_culturel; hentet 11.2.2018.

xxxiii ”Le patrimoine fait appel à l'idée d'un héritage légué par les générations qui nous ont précédés, et que nous devons transmettre intact ou augmenté aux générations futures, ainsi qu'à la nécessité de constituer un patrimoine pour demain. On dépasse donc largement la simple propriété personnelle (droit d'user « et d'abuser » selon le droit romain). Il relève du bien public et du bien commun” (ibid.)

xxxiv Andetsteds på *Wikipedia* er kulturgoderne (”i beni culturali”) dog klassificeret som en del af menneskehedens verdensarv (”Patrimonio mondiale dell'umanità”) ved siden af naturarven. (Jf. https://it.wikipedia.org/wiki/Patrimonio_dell%27umanit%C3%A0; hentet 14.2.2018.).

xxxv ”I **beni culturali** sono tutti i beni designati da ciascuno Stato come importanti per l'archeologia, la letteratura, l'arte, la scienza, la demologia, l'etnologia o l'antropologia”. https://it.wikipedia.org/wiki/Beni_culturali; hentet 8.2.2018

xxxvi https://no.wikipedia.org/wiki/Kulturarv; hentet 15.2.2018.

xxxvii Debatten om kulturarvsbegrebet har øjensynlig været mere udbredt og intensiv i Sverige end i mange andre lande, hvilket kan siges at afspejles i antallet af svenske artikler, som analyseres i denne afhandling.

xxxviii https://sv.wikipedia.org/wiki/Kulturarv; hentet 14.2.2018.

xxxix https://www.synonymer.se/sv-syn/kulturarv: hentet 19.2.2018.

xl http://www.foretagensarkiv.se/kulturarv.html; hentet 19.2.2018.

xli http://tillampatkulturarv.kalmarlansmuseum.se/vad-ar-kulturarv/; hentet 20.2.2018.

xlii Nordic Academic Press, Lund 2010. Her citeret efter https://books.google.dk/; hentet 20.2.2018. Min citatoversættelse.

xliii http://www.socialdemokratiet.dk/media/6554/socialdemokratiets-principprogram-faelles-om-danmark.pdf; hentet 7.1.2018.

xliv http://org.enhedslisten.dk/71639; hentet 23.2.2018.

xlv http://sf.dk/media/4149/principprogram-vedtaget-af-landsmoedet-150412original.pdf; hentet 7.1.2018.

xlvi http://www.kulturpolitik.dk/bevaring-af-kulturarven-3/; hentet 6.12.2017.

xlvii Jf. siden http://www.kulturpolitik.dk/socialistisk-folkepartis-kulturpolitiske-pejlemaerker/; partiets udkast v. Henning Eichberg, 2014; hentet 20.3.2018.

xlviii Partiets kulturpolitiske forfattergruppe, 2008; jf.

http://www.kulturpolitik.dk/kulturelt-offensiv/; hentet 6.12.2017.

xlix https://alternativet.dk/politik/partiprogram; hentet 6.1.2018.

l https://www.radikale.dk/content/kultur; publiceret 30.3.2014; hentet 4.12.2017.

li http://www.venstre.dk/politik/principprogram/kultur-giver-faellesskab; hentet 7.1.2018.

lii https://www.liberalalliance.dk/emne/kulturpolitik; hentet 7.1.2018.

liii Jf. underafsnittene "Elite, mainstream, vækstlag" og "Liberal Alliance mener".

liv https://konservative.dk/politik/vores-partiprogram; hentet 7.1.2018.

lv https://danskfolkeparti.dk/politik/principprogram; hentet 7.12.2017.

lvi Hhv. https://nyeborgerlige.dk/politik/medie-og-kulturpolitik og https://nyeborgerlige.dk/principprogram; hentet 4.1.2018.

lvii https://www.kd.dk/det-mener-kd.html; hentet 8.12.2017.

lviii Man kan som eksempel på en sådan 'konventionel' opfattelse af kultur nævne socialdemokraten og den klassiske filolog Hartvig Frischs (1893-1950) kendte dictum: "Kultur er vaner".

liv Jeg undlader i denne undersøgelses sammenhæng at placere partierne efter en gradueret, kategorial, national/international-skala, idet disse begreber til nærværende undersøgelses formål i for høj grad forekommer at være præget af uhensigtsmæssig flertydighed, og fordi kvantificeringen af partiernes holdninger (fx 'mere eller mindre national') ikke forekommer særligt frugtbar. Er det ellers internationalt orienterede *Enhedslisten*, der er modstander af en kulturlivets kommercialisering på bekostning af danske kunstneres og dansk kunsts muligheder, således i denne henseende grundlæggende mindre nationalt end *Dansk Folkeparti*, der måske er mindre bekymret af den årsag? Eller er *De Radikales* generelt stærke, internationale orientering mindre dansk end *Nye Borgerliges* en del mindre stærke orientering i den retning?

Tilsvarende synes begreberne "bonding social capital" ("bindende social kapital") og "bridging social capital" ("brobyggende social capital"), som bl.a. den franske sociolog og antropolog Pierre Bourdieu (1930-2002) er eksponent for, at have en for høj grad af kategorial rigiditet for nærværende undersøgelses sammenhæng. Fx er den kristendom, hvis primære etiske bud er det 'brobyggende' næstekærlighed, en del af langt de fleste af de partiers, hvis politik man ellers ville kalde 'bindende', kulturelle grundlag. Og (også) langt de fleste af de partier, som man ville kalde bridging, har så at sige 'bundet sig' til det repræsentative demokrati og menneskerettighederne.

Jeg har altså fundet begreberne identitet og differens mere elastiske, flydende og på den måde mere adækvate for undersøgelsen – ikke mindst fordi disse begreber viser ud over sig selv: identitets-holdningen viser sig at have mere end svært ved at klare sig uden at måtte ty til fremmed indflydelse, uden at forrangen til det identiske nødvendigvis må opgives, og på lignende vis må differens-holdningen nødvendigvis ty til identiske holdepunkter som eksempelvis frihedsrettigheder. Udtrykt mere abstrakt: en identitet eksisterer kun i sin særlige forskel fra andre identiteter og er på den måde *væsentligt* afhængig af relationen til det fra den forskellige (fx kan en nation ikke pr. tradition bevare sit militærs opbygning, dettes rangorden, form for krigsførelse og våben, dersom en fjende har andre og mere effektive former herfor), og tilsvarende kan det forskellige, den forskellige entitet kun kendes, identificeres som sådan, for så vidt som den har en identitet. Identitet og differens lader sig således ikke væsentligt, kategorialt og definitorisk, men nok analytisk, skille ad, hvorimod begrebsparrene national/international og bonding/bridging social kapital i langt højere grad hører ind under en formal enten – eller-logik.

lx Spørgsmålet om, hvorvidt kulturarvs*økonomien* eller oplevelsesøkonomien generelt betyder en forøget fokus på det positive, forenklede, synlige, spektakulære og altså lettere omsættelige ved kulturarven og på den måde sætter ikke helt ubetydeligt præg på det almindelige begreb om kulturarven i den bredere offentlighed, er imidlertid ikke et tema for denne afhandling.

lxi Mette Bjerrum Jensen gør opmærksom på at "det ny Tyskland" (også) gør brug af ordet Gedächtnis (hukommelse, ihukommelse eller erindring) i stedet for Kulturerbe. (Jensen (2009)). Det finder jeg interessant, idet Gedächtnis i dag let kan associeres med erindringen om historiens (næppe kun) tyske katastrofer; således i forbindelse med Berlins sønderbombede Gedächtniskirche (dette uanset, at kirken allerede ved sin indvielse i 1895 hed det samme). Denne tråd vil blive taget op senere i denne afhandling.

lxii Kim Minke: Romantisk filosofi - Kant, Fichte, Schelling i *Dansk litteraturs historie*, Mortensen og Schack (red.), 2006-09, Gyldendal. Hentet 18. marts 2018 fra http://denstoredanske.dk/index.php?sideId=476652

lxiii Jf. B.E. Jensen (2008), s.26-27.

lxiv Denne forståelse ligger ikke så langt fra den følgende, som i *Den Store Danske* tillægges Cicero (106-43 fvt.) og tillige i høj grad eftertiden: "Med den romerske forfatter Cicero fik ordet *cultura* i 1. årh. f.Kr. den betydning, som kom til at præge al senere brug af det, *cultura animi* 'dyrkelse af ånden', forstået som omsorg for sjælens vækst. Herved forstås nøjagtig som i tilfældet med jord og planter en forædlingsproces". Carsten Jensen: kultur i *Den Store Danske*, Gyldendal. Hentet 15. marts 2018 fra http://denstoredanske.dk/index.php?sideId=112086

lxv Skal der nævnes en mere markant forskel mellem disse begreber, kunne det være den, at civilisation med megen rimelighed kan betragtes som moderne former for kultur i tråd med ordets semantiske betydning af borgerliggørelse, altså det at gøre mennesker til borgere med borgerrettigheder og det at gøre samfundets institutioner til opretholdere af frihedsrettigheder. Også ordet civilisation anvendes imidlertid om førborgerlige samfundsdannelser.

lxvi B.E. Jensen (2008). Sidetal i parentes efter citater.

lxvii In artikelsamlingen: Kulturministeriets Forskningsudvalg (2006): *Begrebet immateriel kulturarv.* https://kum.dk/uploads/tx_templavoila/Begrebet immateriel kulturarv.pdf; hentet 15.3.2018. Sidetal i parentes efter citater.

lxviii Mads Daugbjerg (2011). Sidetal i parentes efter citater.

lxix Mikkel Bille og Tim Flohr Sørensen (2012). Sidetal i parentes efter citater.

lxx Mette Bjerrum Jensen (2009). https://mkbjerrum.files.wordpress.com/2009/10/phdafhandling_mettebjerrumjensen.pdf; hentet 19.3.2018. Sidetal i parentes efter citater.

I sit resumé skriver Jensen om sin behandling af og idé om begrebet kulturarv: "Afhandlingen starter med en kort introduktion til begrebet kulturarv. Hvor kommer begrebet fra? Hvornår bliver begrebet almindeligt i Danmark? Hvad dækker begrebet over i dag? Her bliver det tydeligt, at begrebet kulturarv hverken er et velkendt eller et veldefineret begreb. Introduktionen viser, at begrebet kulturarv tilskrives betydning i det senmoderne samfund, mere end kulturarv i betydningen historisk materiale rummer betydning i sig selv. Introduktionen tydeliggør, at kulturarv er et begreb, der med diskursteoretikerne Laclau og Mouffes ord kan kaldes en flydende betegner – et begreb, der til stadighed er til forhandling, og hvis betydning formes af såvel en faglig, en politisk og en almen folkelig brug" (265).

lxxi Anna Melander (2014). Sidetal i parentes efter citater. Denne afhandling er en såkaldt svensk kandidatuppsats (kandidatartikel), altså et studenterarbejde, som imidlertid indeholder i denne sammenhæng

interessante pointer, der her vil blive taget stilling til. Melanders
selvstændige studie er kommet i stand på baggrund af interviews med syv
personer, som arbejder i "kulturarvssektoren", bl.a. museumsfolk.

lxxii Nietzsche (1994) og Nietzsche (1962), hhv. dansk og tysk udgave. På tysk lyder titlen på originaludgaven (fra 1874) i sin helhed: *Unzeitgemässe Betrachtungen. Zweites Stück: Vom Nutzen und Nachtheil der Historie für das Leben*. Nietzsche udgav i alt fire bind "utidssvarende betragtninger", hvoraf det her behandlede altså udgør bind 2. Sidetal i parentes efter citater.

lxxiii "Übrigens ist mir alles verhasst, was mich bloss belehrt, ohne meine Tätigkeit zu vermehren oder unmittelbar zu beleben" (s. 3 in Nietzsche (1962)).

lxxiv "(...) erst durch die Kraft, das Vergangene zum Leben zu gebrauchen und aus dem Geschehenen wieder Geschichte zu machen, wird der Mensch zum Menschen: aber in einem Übermasse von Historie hört der Mensch wieder auf, und ohne jene Hülle des Unhistorischen würde er nie angefangen haben und anzufangen wagen" (s. 9 in op.cit.).

lxxv). "Wenn wir nur dies gerade immer besser lernen, Historie zum Zwecke des Lebens zu treiben!" (13).

lxxvi (…) "in den grossen *Antrieben* liegt, *die* ein Mächtiger aus ihr entnimmt" (18).

lxxvii "Ganze grosse Teile derselben werden vergessen, verachtet und fliessen fort wie eine graue ununterbrochne Flut, und nur einzelne geschmückte Fakta heben sich als Inseln heraus: an den seltnen Personen, die überhaupt sichtbar werden, fällt etwas Unnatürliches und Wunderbares in die Augen" (ibid.).

lxxviii "Man denke sich die unkünstlerischen und schwachkünstlerischen Naturen durch die monumentalische Künstlerhistorie geharnischt und bewehrt; gegen wen werden sie jetzt ihre Waffen richten? Gegen ihre Erbfeinde, die starken Kunstgeister, also gegen die, welche allein aus jener Historie wahrhaft, das heisst zum Leben hin zu lernen (..) vermögen. Denen wird der Weg verlegt; denen wird die Luft verfinstert, wenn man ein halb begriffnes Monument irgendeiner grossen Vergangenheit götzendienerisch und mit rechter Beflissenheit umtanzt, als ob man sagen wollte: 'Seht, das ist die wahre und wirkliche Kunst: was gehen euch die Werdenden und Wollenden an!'" (19).

lxxix "(..) der Bewahrende und Verehrende, der mit Treue und Liebe dorthin zurückblickt, woher er kommt, worin er geworden ist (…). Indem er das von alters her Bestehende mit behutsamer Hand pflegt, will er die Bedingungen, unter denen er entstanden ist, für solche bewahren, welche nach ihm entstehen sollen – und so dient er dem Leben. Der Besitz von Urväter-Hausrat verändert in einer solchen Seele seinen Begriff: denn sie wird vielmehr von ihm besessen. Das Kleine, das Beschränkte, das Morsche und Veraltete erhält seine eigne Würde und Unantastbarkeit dadurch, das die bewahrende und verehrende Seele des antiquarischen Menschen in diese Dinge übersiedelt und sich darin ein heimisches Nest bereitet. Die Geschichte seiner Stadt wird ihm zur Geschichte seiner selbst" (21).

lxxx "Hier liess es sich leben, sagt er sich, denn es lässt sich leben; hier wird es sich leben lassen, denn wir sind zäh und nicht über Nacht umzubrechen" (ibid.).

lxxxi "(..) das Wohlgefühl des Baumes an seinen Wurzeln, das Glück, sich nicht ganz willkürlich und zufällig zu wissen, sondern aus einer Vergangenheit als Erbe, Blüte und Frucht herauszuwachsen" (23).

lxxxii "(...) wenn die Historie dem vergangnen Leben so dient, dass sie das Weiterleben und gerade das höhere Leben untergräbt, wenn der historische Sinn das Leben nicht mehr konserviert, sondern mumisiert: so stirbt der Baum, unnatürlicherweise, von oben allmählich nach der Wurzel zu ab. (…) Die antiquarische Historie entartet selbst in dem Augenblicke, in dem das frische Leben der Gegenwart sie nicht mehr beseelt und begeistert. (…) Dann erblickt man wohl das widrige Schauspiel einer blinden Sammelwut, eines rastlosen Zusammenscharrens alles einmal Dagewesenen" (24).

lxxxiii "Er (der Mensch) muss die Kraft haben und von Zeit zu Zeit anwenden, eine Vergangenheit zu zerbrechen und aufzulösen, um leben zu können: dies erreicht er dadurch, dass er sie vor Gericht zieht, peinlich inquiriert und endlich verurteilt; jede Vergangenheit aber ist wert, verurteilt zu werden – denn so steht es nun einmal mit den menschlichen Dingen: immer ist in ihnen die menschliche Gewalt und Schwäche mächtig gewesen" (25).

lxxxiv "(...) die Kenntnis der Vergangenheit zu allen Zeiten nur im Dienste der Zukunft und Gegenwart begehrt ist, nicht Schwächung der Gegenwart, nicht zur Entwurzelung einer lebenskräftigen Zukunft" (27).

lxxxv "(...) der Mensch vor allem zu leben lerne und nur im Dienste des erlernten Lebens die Historie gebrauche" (79).

lxxxvi "(...) die Kultur nur aus dem Leben hervorwachsen und herausblühen kann" (80).

lxxxvii Benjamin (1940, dansk). Tysk originaltitel: *Über den Begriff der Geschichte*, Benjamin (1940, tysk), fra hvilken de tysksprogede citater gengives.

lxxxviii "Die Vergangenheit führt einen heimlichen Index mit, durch den sie auf die Erlösung verwiesen wird. Streift denn nicht uns selber ein Hauch der Luft, die um die Früheren gewesen ist? ist nicht in Stimmen, denen wir unser Ohr schenken, ein Echo von nun verstummten? haben die Frauen, die wir umwerben, nicht Schwestern, die sie nicht mehr gekannt haben? Ist dem so, dann besteht eine geheime Verabredung zwischen den gewesenen Geschlechtern und unserem. Dann sind wir auf der Erde erwartet worden".

lxxxix Jf. i *Kapitel 9* afsnittet om det almnt problematiske ved ordet kulturarv.

xc "Vergangenes historisch artikulieren heißt nicht, es erkennen 'wie es denn eigentlich gewesen ist'. Es heißt, sich einer Erinnerung bemächtigen, wie sie im Augenblick einer Gefahr aufblitzt. (…) Die Gefahr droht sowohl dem Bestand der Tradition wie ihren Empfängern. Für beide ist sie ein und dieselbe: sich zum Werkzeug der herrschenden Klasse herzugeben. In jeder Epoche muß versucht werden, die Überlieferung von neuem dem Konformismus abzugewinnen, der im Begriff steht, sie zu überwältigen".

xci "Es ist niemals ein Dokument der Kultur, ohne zugleich ein solches der Barbarei zu sein".

xcii "'Bedenkt das Dunkel und die große Kälte
In diesem Tale, das von Jammer schallt'".

xciii "*Der Chronist, welcher die Ereignisse hererzählt, ohne große und kleine zu unterscheiden, trägt damit der Wahrheit Rechnung, daß nichts was sich jemals ereignet hat, für die Geschichte verloren zu geben ist*".

xciv   "Mein Flügel ist zum Schwung bereit
               ich kehrte gern zurück
               denn blieb' ich auch lebendige Zeit
               ich hätte wenig Glück.

               Gershom Scholem, Gruß vom Angelus

Es gibt ein Bild von Klee, das Angelus Novus heißt. Ein Engel ist darauf dargestellt, der aussieht, als wäre er im Begriff, sich von etwas zu entfernen, worauf er starrt. Seine Augen sind aufgerissen, sein Mund steht offen und seine Flügel sind ausgespannt. Der Engel der Geschichte muß so aussehen. Er hat das Antlitz der Vergangenheit zugewendet. Wo eine Kette von Begebenheiten vor uns erscheint, da sieht er eine einzige

Katastrophe, die unablässig Trümmer auf Trümmer häuft und sie ihm vor die Füße schleudert. Er möchte wohl verweilen, die Toten wecken und das Zerschlagene zusammenfügen. Aber ein Sturm weht vom Paradiese her, der sich in seinen Flügeln verfangen hat und so stark ist, daß der Engel sie nicht mehr schließen kann. Dieser Sturm treibt ihn unaufhaltsam in die Zukunft, der er den Rücken kehrt, während der Trümmerhaufen vor ihm zum Himmel wächst. Das, was wir den Fortschritt nennen, ist dieser Sturm".

[xcv] På dette punkt er jeg øjensynlig enig med *Slots- og Kulturstyrelsen*, når det hos denne hedder: "Kulturarven knytter sig til sporene efter menneskets virksomhed i byerne og ude i det åbne land fra den ældste tid og til i dag".

[xcvi] *Forståelse* er nøgleordet for hermeneutisk analyse, fx hos den tyske filosof Hans-Georg Gadamer (1900-2002) i hovedværket *Wahrheit und Methode* (1960; dansk titel *Sandhed og metode* (2004)).

[xcvii] "Es ist niemals ein Dokument der Kultur, ohne zugleich ein solches der Barbarei zu sein. Und wie es selbst nicht frei ist von Barbarei, so ist es auch der Prozeß der Überlieferung nicht, in der es von dem einen an den andern gefallen ist". Benjamin (1940, dansk og tysk).

[xcviii] Ironisk nok er den kulturrelativistiske konception af vestlig oprindelse og er uden tvivl stadig fortrinsvis sammenhørende med denne del af verden og således occidentcentrisk.

Uafhængigt af sit sandhedsgehalt i øvrigt hænger den sammen med den tolerance, der kun dårligt lader sig tænke væk fra kultur og dårligt er forenelig med barbari og uret. I sig selv, inhærent, bekræfter kulturrelativismen altså kulturkritik af barbari.

[xcix] Tidspunktet, på hvilket en given tekst er hentet på nettet, fremgår af de steder i afhandlingen, hvor den pågældende tekst er behandlet.